www.ingramcontent.com/pod-product-compliance
Lightning Source LLC
Chambersburg PA
CBHW080851160726
47999CB00009B/3075

ספר

עֵץ חַיִּים

לרבינו

חַיִּים וִיטָאל זצ"ל

שֶׁקִיבֵּל מִמָרָן הָאֲרִ"י זלה"ה

שַׁעַר אז"פ

שַׁעַר ד' פֶּרֶק ד'

די"ט ע"ג – די"ט ע"ד

תש"ף

SimchatChaim.com

בהוצאת

שִׂמְחַת חַיִּים

בס"ד

הקדמה

ירפא **ה**מאציל **ו**יושיע **ה**בורא את כל חולי בני ישראל, וישלח להם רפואה שלימה, רפואת הנפש ורפואת הגוף, בכל אבריהם ובכל גידיהם לעבודתו יתברך.

בי"ב במנחם אב תשס"ה, הובהלתי לבית החולים, הרופאים לא נתנו לי סיכוי לחיות יותר מכמה שעות בגלל מספר תסבוכות. עם כל זאת בזכות התפילות של בני ישראל הקדושים, ברחמיו הרבים, ריחם עלי הקדוש ברוך הוא, ונשארתי בחיים.

עם כל זאת, הובחנה אצלי מחלה קשה בכליות, ונאמר לי שהצטרך למכונת דיאליזה. בשבילי זה היה שוק!!! אף פעם לא הייתי אצל רופא, או בבית חולים. כך בעל כרחי התחברתי למכונת דיאליזה, ומכונה זאת הייתה[1] קשורה בי ככלב במשך שמונים חודשים בדיוק, כמניין **יסוד**, במשך 10-12 שעות ביום.

בשבת פרשת **ויחי יעקב** י"ב טבת תשע"ב, בזכות בני ישראל, שכולם אהובים כולם ברורים כולם גיבורים כולם קדושים... וכולם פותחים את פיהם באהבה שלוש פעמים ביום, ואומרים - **ברוך אתה... רופא חולי עמו ישראל**, וכללותם כל האברכים, תלמידי הישיבות, רבנים וחכמים, חסידים, מקובלים עם תינוקות של בית רבן, זקנים עם נערים, בחורים וגם בתולות, בארץ הקודש ובעולם. ומצד שני בנות ישראל היקרות מפז, שהתפללו וקבלו עליהם כל מיני קבלות, מהפרשת חלה עד צניעות וכיסוי הראש, עם הרבנים, המנהלים, המורים, המורות **והתלמידות של בית יעקב דטורונטו** שכל יום התפללו, וכללו בתפילתם שבקעה את כל הרקיעים אותי, ונושעתי אני הקטן. הושתלה בי כליה. והתנתקתי ממכונת הדיאליזה.

אמר המלך דוד - לולי[2] תורתך שעשעי אז אבדתי בעניי. מה שנתן לי חיות היא התורה הקדושה, בשעות הרבות שהייתי מחובר למכונת הדיאליזה)כ12 שעות ביום(, ערכתי סדרתי וכתבתי במחשב את הקונטרסים שלמדתי במשך שנים. וקונטרסים אלו הפכו לחיבור, ואחרי התלבטויות ובקשות מבני גילי, החלטתי בעזרתו יתברך להדפיס קונטרסים אלו.

ידוע הוא כי כל דברי האר"י זלל"ה ותלמידו נאמן ביתו, רבינו חיים ויטאל הם סתומים וחתומים באלפי שרשראות ומנעולים, והרב ז"ל גלה טפח וכיסה אלפים אמה, וכלל דבריהם הוא משלים, עם כל זאת העוסק במשל פועל בעלמות העליונים בנמשל. לכן צריך זהירות גדולה לא להגשים את המשלים, בסוד המבואר בספר הזוהר הקדוש - **ועלייהו אתמר** ועליהם נאמר - **ארור האיש אשר יעשה פסל ומסכה וגומר, ושם בסתר, מאי בסתר** מהו בסתר - **בסתרו דעלמא** בסתר העולם. ובגין דא אמר קודשא בריך הוא לא תעשון אתי ומפני זה אמר הקדוש ברוך הוא לא תעשון אתי אלה"י כסף ואלה"י זהב, והכי אוקמוה חבריא לא תעשון אתי כדמות שמשי שמשמשין אותי וכך העמידוהו החברים לא תעשון אתי כדמות שמשי שמשמשים אותי במרום, **לצייריא בסתר דילי שום ציור או דמיון** לצייר בסתר שלי שום ציור או דמיון, **דכל מאן דצייר לעיל לקודשא בריך הוא** שכל מי שמצייר למעלה לקדוש ברוך הוא, **בסתר**)דאיהי שכינתיה, כלילא מעשר

---

[1]

גמרא סוטה ד"ג ע"ב - גמרא סוטה ד"ג ע"ב – רבי אלעזר אומר, **קשורה בו ככלב**, שנאמר - ולא שמע אליה לשכב אצלה להיות. עמה לשכב אצלה בעולם הזה. להיות עמה לעולם הבא.

[2]

תהלים קי"ט צ"ב

ספיראן שהיא מעשר ספירות(, **שום ציור, וצלם, ודמות**, כגוונא דמצייירין בשמשין דיליה שמציירים בשמשים שלו, **נשמתיה אתלבשא בההוא צלמא** נשמתו מתלבשת באותו צלם.....

וכן הוא בסוף ענף ד' דשער ד' בספר עץ חיים שער ההקדמות, וז"ל הטהור - ואמנם דבר גלוי הוא כי אין למעלה גוף ולא כח גוף חלילה. וכל הדמיונות והציורים אלו לא מפני שהם כך חס ושלום. אמנם **לשכך את האוזן** לכשיוכל האדם להבין הדברים העליונים, הרוחניים, בלתי נתפסים, ונרשמים בשכל האנושי. לכן ניתן רשות לדבר בבחינת ציורים ודמיוניים, כאשר הוא פשוט בכל ספרי הזוהר. וגם בפסוקי התורה עצמה כולם כאחד עונים ואומרים בדבר הזה, כמו שאמר הכתוב עיני הוי"ה המה משוטטים בכל הארץ. עיני הוי"ה אל צדיקים. וישמע הוי"ה. וירח הוי"ה. ודבר הוי"ה. וכאלה רבות. וגדולה מכולם מה שאמר הכתוב - ויברא אלהי"ם את האדם בצלמו בצלם אלהי"ם ברא אותו זכר ונקבה וגו'. **ואם התורה עצמה דברה כך** גם אנחנו נוכל לדבר כלשון הזה, עם היות שפשוטו הוא למעלה שם שאין אלא אורות דקים בתכלית הרוחניות, בלתי נתפשים שם כלל, וכמו שאמר הכתוב - כי לא ראיתם כל תמונה, וכאלה רבות. ואמנם יש עוד דרך אחרת כדי להמשיך ולצייר בה הדברים העליונים, והם בחינת כתיבת צורת אותיות, כי כל אות ואות מורה על אור פרטי עליון, וגם תמונת זו דבר פשוט הוא כי אין למעלה לא אות ולא נקודה, **וגם זה דרך משל וציור לשכך את האוזן** כנזכר......

ולכן כל המבואר כאן בחיבור זה הוא כדי **לשכך את האוזן**. והתרשימים שבסוף החיבור הם כדי **לשבר את העין**, לכן אין שום ביאור והסבר שלם, ואין שום תרשים שלם בתכלית השלמות.

ידוע כי[3] דברי תורה עניים במקומן ועשירים במקום אחר, **ועל אחת כמה וכמה** בדברי הרב ז"ל, שכל סוגיה חסרה[4] במקומה, וחלקיה מפוזרים במקומות אחרים. **זאת ועוד** הרב ז"ל מערבב בדרוש אחד כמה וכמה סוגיות, כאשר בפשטות דבריו נראה שכל הדרוש הוא דרוש אחד, ולא מחולק לסוגיות שונות, ושמעות שונות, **ביאור** דברי הרב ז"ל כאן הם **בעומק, והוא בעצם ליקוט** עד איפה שידי הקצרה הגיעה, מכל חלקי ספר עץ חיים, ושמונה השערים המצויינים לרב ז"ל, מבוא שערים ושאר ספרי הרב ז"ל, והוא גם על פי הקדמת רחובות הנהר למרן הרש"ש, דרושי פנימיות וחיצוניות, דרוש הדעת, סוגיות ערכין, סוגיות דכללות והתכללות, פרטות וכללות, וסוגיות עובי ואורך, ועל פי ביאור גדולי רבותינו חכמי המקובלים לדורותם זלה"ה זי"ע.

ידוע כי[5] אין בר בלי תבן, כך אין ספר בלי טעויות, ועוד יודע אני כי דל ועני אני, **ואין**[6] **עני אלא בדעה**. לכן מבקש אני בכל לשון של בקשה אם יש לכל אחד שאלות, הערות, הארות, תיקונים, נא לשלוח ל -
book@simchatchaim.com והשתדל לענות, ולתקן את הצריך תיקון.

בברכה והצלחה בלימוד התורה הקדושה

ובעיקר בפנימיות התורה, תורת האר"י הח"י.

ורפואה שלימה לכל חולי ישראל.

אח"י

3

גמרא ירושלמי, ראש השנה פ"ג הלכה ה' די"ז ע"א – דברי תורה עניים במקומן, ועשירים במקום אחר.

4

תורת חכם דע"ב ע"ב – חסר לשון הוא, כמו שיראה המעיין.

5

גמרא ברכות נ"ה א' - מה לתבן את הבר נאם ה', וכי מה ענין בר ותבן אצל חלום, אלא אמר ר' יוחנן משום ר' שמעון בן יוחאי ,כשם שאי אפשר לבר בלא תבן, כך אי אפשר לחלום בלא דברים בטלים.

6

גמרא נדרים מ"א ע"א – אין עני אלא בדעה .

הקדמה קצרה לחיוב לימוד תורת הקבלה

ישמחו ה**שמים** ו**תגל הארץ** ירעם הים ומלאו. שזכינו בדור שלנו שפנימיות התורה, שהיא היא תורת הקבלה, מתפשטת לכל, וכל מקום בעולם היום לומדים בתורת הח"ן. הדור שלנו יש הרבה התעוררות ללמוד סתרי התורה הקדושה, הנקראת חכמת הקבלה. בירושלים של המאה ה18 בישיבת **בית אל** היו בקושי מנין של מקובלים, והיום תורת הקבלה מופצת בכל מקום בארץ ובעולם. לעניות דעתי אחת הסיבות העיקריות לשינוי זה הוא רצונם של בני התורה, החוזרים בתשובה ועמך לדעת את סוד החיים, למה ברא הקדוש ברוך הוא את העולם, ואת טעמי המצות, ר"ל אי אפשר היום בדור שלנו, להסביר על פי הפשט את הסיבה מדוע אסור לאכול בשר וחלב, מדוע צריך להניח תפילין, למה לשמור דווקא שבת ולא יום שלישי, אי אפשר להגיד כל הזמן **זאת גזרת הכתוב, כך רוצה הקדוש ברוך הוא**, האנשים מחפשים הסברים למצות, לסיפורי התנ"ך, לגלגולי נשמות, ועוד. ורק על ידי עסק בפנימיות התורה, אדם מסיג את ההסברים לקושיות שיש לו. **זאת ועוד** חיים אנחנו בדור של חומריות, והאנשים מחפשים את רוחניות שבחיים, אז מה עושים, נוסעים למזרח, להודו, סין, תאילנד למצוא רוחניות, ולא יודעים **שששורש כל הרוחניות בעולם נמצאת בתורה הקדושה**, עם כל זאת כאשר הלומד את פשט התורה, **הוא לא מכיר** את הקדוש ברוך הוא, והוא בלי יראת שמים ושמחה אמתית. כותב הרב המקובל האלוה"י רבינו יהודה פתייה בפרושו הנפלא על עץ חיים - כי לימוד עץ חיים הוא עמוק מאד מאד, כי הוא **מים שאין להם סוף**, והוא קשה מאד גם לחכמים ההוגים בו תמיד, וכל שכן למתחילים. כי הוא חזק מצור, וקשה מברזל, שאי אפשר לחצוב ממנו מאומה, אם לא על ידי כלי מחצב חזקים כציפורן שמיר. וכל המתחיל בלימוד עץ חיים, אם לא יהיה לו רב, או לפחות איזה מפרש המפרש לו כוונת הפרק ההוא לפי פשוטו, נבול יבול, ואינו יכול לעמוד על הפרק כי אם לאחר יגיעה רבה, ושקידה עצומה, וכולי האי ואולי. כי הרבה פעמים יסבור המעיין שהבין העניין ההוא כראוי, ואחר שילמוד עוד איזה פרקים אחרים, ירגיש כעצמו שלא הבין את פרקים הקודמים, והניסיון יעיד על זה, עד כאן דברי קודשו. עם כל זאת חייב כל אדם לעסוק בתורת ה**חיים**.

צדיק אתה הוי"ה וישר משפטיך. כתב הרב רבינו חיים ויטאל ז"ל בהקדמה לשער ההקדמות - והנה מה שכתב בתחילת דבריו, ואפילו כל אינון דמשתדלי באורייתא כל חסד דעבדי לגרמייהו וכו', עם היות שפשטו מבואר ובפרט בזמנינו זה, בעונותינו היום אשר התורה נעשית קרדום לחתוך בה אצל קצת בעלי תורה, אשר עסקם בתורה על מנת לקבל פרס, והספקות יתירות, וגם להיותם מכלל ראשי ישיבות, ודיני סנהדראות, להיות שמם וריחם נודף בכל הארץ, **ודומים במעשיהם לאנשי דור הפלגה הבונים מגדל וראשו בשמים**, ועיקר סיבת מעשיהם היא מה שנאמר אחר כך הכתוב - **ונעשה לנו שם**... והנה על הכת הזאת אמרו בגמרא כל העוסק בתורה שלא לשמה, נוח לו שנהפכה שליתו על פניו, ולא יצא לאויר העולם. ואמנם האנשים האלה מראים תימה וענוה באמרם כי כל עסקם בתורה הוא לשמה. והנה החכם הגדול התנא רבי מאיר ע"ה העיד עליהם שלא כך הוא, באומרו לשון כללות - כל העוסק בתורה לשמה זוכה לדברי הרבה וכו', **ומגלים לו רזי תורה, ונעשה כנהר שאינו פוסק**, והולך

וכמעיין המתגבר מאליו, בלתי הצטרכו לטרוח ולעיין בה, ולהוציא טיפין טיפין של מימי התורה מן הסלע, הנה זה יורה שאינו עוסק בתורה לשמה כהלכתה, ומי זה האיש אשר לא יזלו עיניו דמעות בראותו המשנה הזאת, **ורואה חסרונו ופחיתותו**, עד כאן לשונו. לכן כל אחד צריך לטעום מעץ החיים.

חצות לילה אקום להודות לך על משפטי צדקך. כתב רבינו אליהו מני זצ"ל רבו של הרי"ח הטוב, בספרו הקדוש כסא אליהו שער ד' וז"ל - ואם זיכך הוי"ה ללמוד בחכמת האמת, הנה עצה היעוצה היא שכל סדר הלימוד בנגלה תתנהג בו ביום דווקא. **אבל בלילה תלמוד בחכמת האמת, והעיקר הלימוד אחר חצות**, כי זה הלימוד צריך ישוב דעת הרבה, וכשיקוץ האדם אז דעתו מיושבת עליו יותר. גם גה הלימוד צריך הסתר והצנע, **וכל דבר שיהיה בלילה ובפרט אחר חצות יהיה נסתר יותר מן היום**. ותעשה ועד עם החברים בבית המדרש אם הוא צנוע, **או בביתך ותלמדו בכל לילה**, עד כאן לשונו. וישב ללמוד האדם בלילה תחת עץ החיים.

קראתי בכל לב ענני הוי"ה חקיך אצרה.[7] בהקדמה לשער ההקדמות מבאר הרב ז"ל - ואמנם אל יאמר אדם אלכה לי ואעסוק בחכמת הקבלה, מקודם שיעסוק בתורה במשנה ובתלמוד, כי כבר אמרו רבינו ז"ל - אל יכנס אדם לפרדס **אלא אם כן מלא כריסו בבשר ויין**, והרי זה דומה לנשמה בלתי גוף, שאין לה שכר ומעשה וחשבון, עד היותה מתקשרת בתוך הגוף, בהיותו שלם מתוקן במצות התורה בתרי"ג מצות. **וכן בהפך** בהיותו עוסק בחכמת המשנה והתלמוד בבלי, ולא ייתן חלק גם אל סודות התורה וסתריה, כי **הרי זה דומה לגוף היושב בחושך**, בלתי נשמת אדם נר הוי"ה המאירה בתוכה, **באופן שהגוף יבש בלתי שואף ממקור חיים**, אשר זהו ענין אומרו במקום אחר ההוא הנזכר לעיל וז"ל - דאילין אינון דעבדי לאורייתא יבשה, ולא בעאן לאשתדלא בחכמת הקבלה וכו'. באופן כי התלמידי חכמים העוסקים בתורה לשמה, ולא לשמו, לעשות לו שם. צריך שיעסוק בתחילה בחכמת המקרא, והמשנה, והתלמוד, כפי מה שיוכל שכלו לסבול. ואחר כך יעסוק לדעת את קונו בחכמת האמת, וכמו שציוה דוד המלך ע"ה את שלמה בנו - דע את אלה"י אביך ועבדהו. ואם האיש הזה יהיה כבד וקשה בעניין העיון בתלמוד, מוטב לו שיניח את ידו ממנו, אחר שבחן מזלו בחכמה זאת, ויעסוק בחכמת האמת. וזה שמבואר כל תלמיד חכם שאינו רואה סימן יפה בתלמוד בחמשה שנים, שוב אינו רואה, עד כאן דברי קודשו. ומזה כל אחד ואחד חייב להדבק במקור החיים.

חסדך הוי"ה מלאה הארץ חקיך למדני. בשער הגלגולים, בקדמה ט"ז כתב הרב ז"ל - עוד צריך שתדע, כי האדם צריך לקיים כל התרי"ג מצות, במעשה, ובדבור, ובמחשבה. וכמו שאמרו ז"ל על פסוק - זאת התורה לעולה ולמנחה וכו', כל העוסק בפרשת עולה, כאלו הקריב עולה וכו'. וכוונו בזה שהאדם מחוייב לקיים כל התרי"ג מצות בדבור, וכן על דרך זה במחשבה. ואם לא קיים כל התרי"ג בשלשה בחינות הנזכרות, מחוייב להתגלגל עד שישלים אותם. **עוד דע**, כי האדם מחויב לעסוק בתורה בארבעה מדרגות, **שסימנם פרד"ס**, והם, פשט, רמז, דרוש, סוד וצריך שיתגלגל עד שישלים אותם. ובהקדמה י"ז כותב הרב ז"ל, וז"ל - שהאדם **מחוייב לעסוק בתורה בארבעה מדרגות שבה**, והיא זאת, דע, כי כללות כל הנשמות

---

[7] ע"ח ד"א ע"ד.

הם ששים רבוא ולא יותר. והנה התורה היא שרש נשמות ישראל, כי ממנה חוצבו, ובה נשרשו. ולכן יש בתורה ששים רבוא פירושים, וכלם כפי הפשט. וששים רבוא ברמז. וששים רבוא בדרש. **וששים רבוא בסוד.** ונמצא, כי מכל פירוש מן הששים רבוא פרושים, ממנו נתהווה נשמה אחת של ישראל, ולעתיד לבא כל אחד ואחד מישראל, ישיג לדעת כל התורה כפי אותו הפירוש המכוון עם שרש נשמתו, אשר על ידי הפירוש ההוא נברא ונתהווה כנזכר. וכן בגן עדן אחר פטירת האדם, ישיג כל זה. וכן בכל לילה כאשר האדם ישן, ומפקיד נשמתו ויוצאה ועולה למעלה, הנה מי שזוכה לעלות למעלה, מלמדים לו שם אותו הפירוש, שבו תלוי שרש נשמתו. ואמנם הכל כפי מעשיו ביום ההוא, כך באותה הלילה ילמדוהו, פסוק אחד, או פרשה פלונית, כי אז מאיר בו יותר פסוק ההוא משאר הימים. ובלילה האחרת יאיר בנשמתו פסוק אחר, כפי מעשיו של אותו היום, וכולם על דרך הפירוש ההוא אשר תלויה בו שרש נשמתו כנזכר, עד כאן דברי קודשו. ור"ל שכל יהודי ויהודי חייב להשיג את שורש נשמתו, וללמוד את סוד **החיים.**

יבאוני רחמיך ואחיה כי תורתך שעשעי. מבואר במדרש משלי - אמר רבי ישמעאל, בוא וראה כמה קשה יום הדין שעתיד הקדוש ברוך הוא לדון את כל העולם כולו בעמק יהושפט. בזמן שתלמידי חכמים באים לפניו, אומר לכל אחד מהם - כלום עסקת בתורה, אמר לו הן, אומר לו הקדוש ברוך הוא הואיל והודית, אמור לפני מה שקרית, ומה ששנית בישיבה, ומה ששמעת בישיבה. מכאן אמרו - כל מה שקרא אדם יהא תפוש בידו, ומה ששנה כמו כן, שלא תשיגהו בושה ליום הדין. מכאן היה רבי ישמעאל אומר - אוי הלה לאותה בושה, אוי לה לאותה כלימה, ועל זה ביקש דוד מלך ישראל בתפילה ובתחנונים לפני המקום ואמר - הוי"ה בוקר תשמע קולי בוקר אערך לך ואצפה. בא לפניו מי שיש בידו מקרא ואין בידו משנה, הקדוש ברוך הוא הופך את פניו ממנו, ושרי גיהנם מתגברים בו כזאבי ערב, ונוטלין אותו ומשליכין אותו לתוכה. בא לפניו מי שיש בידו שני סדרים או שלושה, אז הקדוש ברוך הוא אומר לו - בני, כל ההלכות למה לא שנית אותם, ואם אומר הקדוש ברוך הוא הניחוהו, מוטב, ואם לאו עושין לו כמידת הראשון. בא לפניו מי שיש בידו הלכות, הקדוש ברוך הוא אומר לו - בני, תורת כהנים למה לא שנית, שיש בה טומאה וטהרה, וטומאת שרצים וטהרת שרצים, טומאת נגעים וטהרת נגעים, טומאת נתקים ובתים וטהרת נתקים ובתים, טומאת זבים ולידה וטהרת זבים ולידה, טומאת מצורע וטהרתו, סדר וויידוי יום הכיפורים, וגזירות שוות, ודיני ערכים, וכל דין שדנו ישראל לא דנו אלא מתוכו. בא לפניו מי שיש בידו תורת כהנים, אומר לו הקדוש ברוך הוא - בני, חמישה חומשי תורה למה לא שנית, שיש בהם קריאת שמע, ותפילין, ומזוזה. בא לפניו מי שיש בידו חמישה חומשי תורה, אומר לו - בני, למה לא למדת הגדה, ולא שנית, שבשעה שחכם יושב ודורש, אני מוחל ומכפר עוונותיהם של ישראל, ולא עוד אלא בשעה שעונין אמן יהא שמיה רבה מברך, אפילו נחתם גזר דינם אני מוחל ומכפר להם עוונותיהם. בא לפניו מי שיש בידו הגדה, אומר לו הקדוש ברוך הוא - בני, תלמוד למה לא שנית, שנאמר - כל הנחלים הולכים אל הים והים איננו מלא, זה התלמוד, שיש בו חכמות הרבה. בא מי שיש בידו תלמוד, הקדוש ברוך הוא אומר לו - בני, הואיל ונתעסקת בתלמוד, **צפית במרכבה, צפית בגאוה,** שאין הנייה בעולמי, אלא בשעה שתלמידי חכמים יושבים ועוסקים בתורה, מציצין ומביטין ורואין והוגין המון התלמוד הזה - **כסא כבודי היאך הוא עומד. רגל הראשונה במה היא משמשת, שנייה במה היא משמשת, שלישית במה היא משמשת, רביעית במה היא משמשת, חשמל היאך הוא עומד, ובכמה פנים הוא מתהפך בשעה**

אחת, לאי זה רוח הוא משמש, הברק היאך הוא עומד, כמה פנים של זוהר נראין בין כתפיו, לאיזה רוח משמש, כרוב היאך הוא עומד, לאי זה רוח הוא משמש. גדולה מכולם עיון כיסא הכבוד, היאך הוא עומד, עגול הוא כמין מלבן, ומתוקן הוא, כמה גשרים יש בו, כמה הפסק בין גשר לגשר, וכשאני עובר באיזה גשר אני עובר, ובאי זה גשר האופנים עוברים, ובאיזה גשר הגלגלים עוברים. גדולה מכולם מצפורני ועד קודקודי, היאך אני עומד, כמה שיעור בפיסת ידי, וכמה שיעור אצבעות רגלי. גדולה מכולם כיסא כבודי, היאך הוא עומד, לאיזה רוח הוא משמש, באחד בשבת לאיזה רוח הוא משמש, בשני בשבת לאיזה רוח הוא משמש, בשלישי בשבת לאיזה רוח הוא משמש, ברביעי בשבת, בחמישי בשבת, בשישי בשבת לאיזה רוח משמשין, וכי לא זהו הדרי, זהו גדולתי, זהו הדר יופי, שבניי מכירין את כבודי במידה הזאת. ועליו אמר דוד - מה רבו מעשיך הוי"ה, כולם בחכמה עשית, מלאה הארץ קנינך. עד כאן לשון המדרש. ממדרש זה לומדים על חובת כל אחד ואחד מישראל את לימוד כל חלקי הפרד"ס, ובעיקר את בחינת הסוד שבתורה, הנקרא[8] מעשה מרכבה, ובמעשה בראשית. ומבאר הרב בית לחם יהודה על השינוי שיש בפסוקים במעמד הר סיני, בפסוק אחד כתוב - ויחן שם ישראל תחת ההר. ומספר פסוקים יותר מאוחר כתוב וירא העם וינועו מרחק. וידוע כי כאשר כתוב בתורה ישראל, מדובר בבני ישראל, וכאשר כתוב העם, מדובר על הערב רב. וז"ל הרב בית לחם יהודה - ובזוהר בהעלותך דף קנ"ב ע"א קרי להעוסקים בחכמת האמת, אינון דהוי קיימי בטורא דסיני. וז"ל - חכימין עבדי דמלכא עלאה אינון דקיימו בטורא דסיני, לא מסתכלי אלא בנשמתא, דאיהי עיקרא דכלא אורייתא ממש וכו'. ונראה בעיני אם מותר, משמע אותן שאינן יודעים סודות התורה לא עמדו על הר סיני, עד כאן לשונו. ונראה לי בביאור כוונתו כי בתחלה כשיצאו ישראל לקראת האלהי"ם, היו מתייצבים בתחתית ההר, ואחר כך נאמר וירא העם וינועו ויעמדו מרחוק, כי היו יראים פן תאכלם האש הגדולה הזאת וימיתו. והיה מקצת מהעם שהיו ששים ושמחים לקראת השכינה, ולא רצו לזוז ממקומם הראשון, ולעמוד מרחוק, אפילו אם ימיתו ממש. ועליהם הוא מה שכתב בזוהר הנזכר - אינון דקיימו בטורא דסיני, כלומר ולא נעו ועמדו מרחוק, אלא עמדו בטורא דסיני מתחלה ועד סוף, ולכן הם זוכים לחכמת האמת. ואותם הנשמות אשר נעו עם העם ועמדו מרחוק, כן הם עושים גם עתה, שנסים ועומדים מרחוק לחכמת האמת מיראתם, פן תאכלם האש הגדולה הזאת. ולכן על כל אחד ואחד מבני ישראל הקדושים מחויב לעמוד תחת עץ החיים.

יראיך יראוני וישמחו כי לדברך יחלתי. בספר הזוהר הקדוש מבואר מדוע התפילות של בני ישראל לא נענות, וז"ל תיקוני הזוהר תיקון מ"ג - בראשית תמן את"ר יב"ש במלת בראשית יש אותיות את"ר יב"ש, ודא איהו ונהר יחרב ויבש היסוד הנקרא נהר יחרב ויבש ממי השפע, ואין לו מה להשפיע למלכות, בההוא זמנא דאיהו יבש באותו הזמן שהיסוד הוא יבש, ואיהי יבשה המלכות הנקראת יבשה, היא יבשה כי לא מקבלת שפע מהיסוד, אז כאשר צווחין בנין לתתא מתפללים וצועקים בני ישראל, ביחודא ואמרין וביחוד שאומרים בני ישראל שמע ישראל שיבא ז"א הנקרא ישראל להתיחד עם נוקבא בשעת התפילה דעמידה, עם כל זאת ואין קול של התפילה או הקריאת שמע שעוזרים לזיווג דזו"ן ואין עונה ואין מי שיענה וימלא את הבקשות בתפילתם. הדא הוא דכתיב וזהו שכתוב - אז בני ישראל יקראונני

בני ישראל בעת צרתם בקריאת שמע ובתפילה, **ולא אענה** ואני לא אענה אותם בתפלתם, מפני שלא לומדים ומתעסקים בפנימיות התורה. **והכי מאן דגרים דאסתלק** וכל מי שגורם הסלקות פנימיות תורת הקבלה **וחכמתא מאורייתא דבעל פה ומאורייתא דבכתב** מהתורה שבעל פה והתורה שבכתב, **וגרים דלא ישתדלון בהון** וגורמים גם לאחרים שלא יתעסקו וילמדו את חכמת הקבלה, **ואמרין דלא אית אלא פשט באורייתא ובתלמודא** ואומרים שאין בתורה ובתלמוד אלא פשט התורה, בלי פנימיות הסוד, **בודאי הוא כאלו יסלק נביעו מההוא נהר** בודאי נחשב לו כאילו הוא מסתלק את נביעת שפע החכמה והבינה מן היסוד, **ומההוא גן** ומן הנוקבא הנקראת גן, **ווי ליה** לאותו יהודי **טב ליה דלא אתברי בעלמא** טוב לו שלא היה נברא, **ולא יוליף ההיא אורייתא דבכתב ואורייתא דבעל פה** ולא היה לומד תורה שבכתב ותורה שבעל פה, כי דינו כעם הארץ שלא למד כלל, ועוד **דאתחשב ליה כאלו אחזר עלמא לתהו ובהו** שנחשב לו כאילו החזיר את העולם לתהו ובהו, ר"ל לסוד שבירת הכלים לפי שמגביר הקליפות כאשר החזיר הנהר והגן יבשים, **וגרים עניותא בעלמא ואורך גלותא** וגורם עניות בעולם ומאריך את הגלות השכינה וביאת המשיח. עד כאן דברי הזוהר הקדוש. וכותב רב חיים ויטאל זלה"ה בהקדמה וז"ל - אמנם שעשועות של הקדוש ברוך הוא בתורה, והיותו בורא בה את העולמו, היתה בהיותו עוסק בתורה בבחינת הנשמה הפנימית שבה, הנקרא - רזי תורה, הנקרא מעשה מרכבה, **היא חכמת הקבלה** כנודע אל היודעים, וטעם הדבר הוא להיותו עולם האצילות העליון מאד, טוב ולא רע, דלא יכיל להתערבא עמיה קליפה, ועליה אתמר - וכבודי לאחר לא אתן, כנזכר בספר התיקונין דף ס"ו תיקון י"ח, וכן בספר הזוהר בפרשת בראשית דף כ"ח ע"א עיין שם. ולכן גם התורה אשר שם [**אח'"י** - בעולם האצילות] איננה רק מופשטת מכל לבושי הגופנים, מה שאין כן למטה בעולם היצירה, עולם דמטטרו"ן, הנקרא עבד טוב, והוא הנקרא עץ הדעת טוב ורע מסטרא, ומסטרא דסמא"ל שהוא קליפין דיליה, **נקרא עבד רע**, כי התורה אשר שם, הם שית סדרי משנה **הנקראים שפחה** כנזכר לעיל, וכנזכר בפרשת בראשית שם דף כ"ז ע"א. ולכן נקראת משנה, לפי ששם יש שינויים הפוכים **טוב מסטרא דעבד טוב**, היתר, כשר, טהור. **רע מסטרא דעבד רע**, איסור, טמא, פסול. גם הוא מלשון כי מרדכי היהודי משנה למלך, שהיה שפחה הנקרא עבד מלך, מלך גם נקרא מלשון שינה, כנזכר בפרשת פינחס דף רמ"ד ע"ב - קם זמנא תנינא ואמר, מארי מתניתין נשמתין ורוחין ונפשין דילכון אתערו כען ואעברו שינתא מניכון דאיהו, ודאי משנה אורח פשט, דהאי עלמא ואנא לא אתערנא בכו, אלא ברזין עילאין דעלמא דאתי דאתון בהון, לא ינום ולא ישן. וזה יובן במה שמבואר יותר למעלה שם - **ורבנן דמתניתין ואמוראי, כל תלמודא דלהון על רזין דאורייתא סדרו ליה**. ונמצא כי המשנה והש"ס הם הנקרא גופי תורה. והנה דבריהם כחלום בלי פתרון, **ורזיה וסתריה הפנימים הנקרא נשמת התורה, הם הם פתרון החלום הנפתר בהקיץ**, בסוד - אני ישנה ולבי ער, וכמו[9] שאמרו חכמים ז"ל - **במחשכים הושיבני כמתי עולם, זה תלמוד בבלי**, אשר איננו מאיר אלא על ידי ספר הזוהר, **הם הם רזי תורה וסתריה** אשר עליהם נאמר - ותורה אור. ואין ספק כי כמו שהיוצר נקראת עבד ושפחה בערך האצילות, ונקרא קליפין ולבושין דחול, כנזכר בהקדמת ספר התיקונין ד"ג ע"ג וז"ל - וביומי דחול לביש עשר כתות דמלאכיא דמשמשי לעשר ספירות דבריאה. ואם כן אין לתמוה כי התורה אשר שם שהיא המשנה, תהיה נקרא שפחה וקליפין דתורה דאצילות, וזה סוד כל הבשר חציר הנזכר

סנהדרין דכ"ד ע"א.

לעיל במאמר הראשון, כי כמו שהחטה שהיא בגימטריא כמנין כ"ב אותיות התורה, הגנוזה תוך כמה קליפין ולבושין שהם הסובין והמורסן והתבן והקש והעשב, הנקרא חציר, כן המשנה אצל סודות התורה נקרא חציר, וזה נרמז בספר הזוהר פרשת כי תצא ברעיא מהמנא דף רע"ה ע"ב - **אצל רבנן ווי לאינון דאכלין תבן דאורייתא, ולא ידעי בסתרי אורייתא, אלא קלין וחמורין דאורייתא, קלין אינון תבן דאורייתא, וחמורין אינון חטה דאורייתא, ח"ט ה' אלנא דטוב ורע וכו'**. ואלו באתי להרחיב דרוש זה לא יספיקו מאה קונטרסין בלי ספק בלי שום גוזמא, האמנם החכם עיניו בראשו כי דברי אמת אני אומר, ואל יתמה האדם בראותו ספר הזוהר איך קורא אל המשנה שפחה וקליפין, כי עסק המשנה כפי פשטיה, **אין ספק שהם לבושין וקליפין חיצונים בתכלית אצל סודות התורה הגנגזים**, ונרמזים בפנימיותה כי כל פשטיה הם בעלם הזה בדברים חומרים תחתונים..... על כן על כל בני ישראל לאכול מעץ החיים.

מה אהבתי תורתך כל היום היא שיחתי. ומבאר הרב ז"ל בהקדמה לשער המצות, כי עסק לימוד פנימיות התורה הוא חלק בלתי נפרד מתלמוד תורה, וז"ל - גם בענין עסק התורה שהיא אחת מרמ"ח מצות עשה, אם לא השלים אותה, **שהוא ענין עסקו בפרד"ס התורה**, שהוא ראשי תיבות **פ**שט **ר**מז **ד**רש **ס**וד, בכל בחינה מהם כפי אשר יוכל להסיג, **עד מקום שידו מגעת**, לטרוח ולעשות לו רב שילמדנו. ואם לא עשה כן, הרי חסר מצוה אחת של תלמוד תורה, שהיא גדולה ושקולה ככל המצות, וצריך **להתגלגל** עד שיטרח הארבעה בחינות של פרד"ס כנזכר. וכן מבאר הרב בית לחם יהודה בהקדמתו הקדושה, וז"ל - ומה מאד נמלצו [**אח**]**י** - מלשון מליצה] בזה דברי הנביא ירמיה)סימן כ"ב(באומרו - אל תבכו למת וכו'. שהוא מדבר עם הציבור המתקבצים להספיד על איזה צדיק הנפטר רח"ל, על שנחסר צדיק אחד מהדור שהיה מנין בזכותו עליהם. וקאמר להו הנביא אל תבכו וכו', **לפי שרובם של צדיקים אינם זוכים לעסוק בכל ארבעה חלקי הפרד"ס, ואם כן מוכרחים הם לחזור ולבוא בגלגול כדי להשלים לימודם בארבעה חלקים**, כי אפילו הוא עסק בשלוש חלקי הפרד"ס, לא יצא ידי חובתו, ועליו נאמר הן כל אלה יפעל א"ל פעמים שלש עם גבר, להחזירו בגלגול. ואם כן הוא פסידא דהדרא. ואפשר שבו ביום שנפטר הוא חוזר ומתגלגל, כנזכר בזוהר ריש פרשת אמור, יעו"ש. ואם כן אין לכם פסידא כל כך. אמנם בכו בכו להלך, לאותו צדיק שכבר עסק בארבעה חלקי הפרד"ס. כי תיבת להלך היא חסר ו', ואם תחשוב תיבת להלך ארבעה פעמים עם ארבעה הכוללים, שהם כנגד ארבעה חלקי הפרד"ס, הם בגימטריא פרד"ס. **שזה הצדיק לא ישוב עוד וראה את ארץ מולדתו, כי על ארבעה לא אשיבנו**. שזהו פסידא דלא הדרא באמת, ונחסר לגמרי מן העולם הזה, עד כאן לשונו. ולכן חובה על כל אדם לעסוק בכל חלקי הפרד"ס, ובפרט בחלק הסוד, הנקרא פנימיות התורה, כמבואר בזוהר הקדוש כמובא בזוהר הקדוש פרשת נשא דף קכ"ד - **בהאי חבורא דילך דאיהו ספר הזוהר יפקון ביה מן גלותא ברחמי**, בזכות הלימוד בספר הזוהר הקדוש, יצאו בני ישראל מהגלות **ברחמים**. ועוד כל מי שחשקה נפשו ללמוד, אסור למנוע זאת ממנו, בסוד הפסוק[10] - אל תמנע טוב מבעליו, ועל כל אדם להיכנס לפרד"ס החיים.

10

משלי ג' כ"ז – אל תמנע טוב מבעליו בהיות לאל ידך לעשות.

אשרי האיש אשר לא הלך בעצת רשעים ובדרך חטאים לא עמד ובמושב לצים לא ישב. דע כי יהיו הרבה אנשים רשעים, שינסו למנוע מבני ישראל הקדושים ללמוד בכללות תורה, ובפרט את תורת הקבלה, מכל מיני סיבות ומניעות, והשטן מדבר מגרונם של אלו הרשעים. ואלו דברי קודשו של בעל שבט מוסר רבינו אליהו הכהן האתמרי זצלה"ה - ובהביטך בן אדם מה שעבר על אחרים למה תרדוף אתה אחר כל אלה הדברים הזרים, להשביע נפש מרורים ולמוסרה ביד צרים המה המקטרגים הצוררים, ולמה לא תחמול על נפשך ועל נועם תבנית צלם גופך למוסרו בידן ולהשליכו בתוך גחלי רתמים בטיט היון של גיהנם, להשחירו ולהתיכו כאשר ניתך הזפת בפני האש, אשר על כן תן עצה אתה בנפשך **לברור בדרך החיים בעסק התורה והמצות,** וגם להצטער עצמך זמן קצוב הם חיי עולם הזה, כדי שתתענג זמן רב בלתי סוף ותכלית, ואל יעלה על דעתך כאשר עלה בדעת הרבה שנאבדו בידם באומרם כיון שמכיר אני בעצמי שאין בדעתי להבין ולהשכיל, איני עוסק בתורה, טועה הוא בדבר, שהרי הוא מחוייב לעשות מה שנצטוה לעשות, ואם יבין יבין, **שהרי והגית בו יומם ולילה כתיב** ולא כתיב ותבין בו, וכן תמצא בדברי התנא אם למדת תורה הרבה נותנין לך שכר הרבה, ואינו אומר אם הבנת הרבה, אלא למדת אמרו, ותשתדל להבין ואם תבין תבין, ואם לא שכר לימודך בידך, וכמאמר התנא לפום צערא אגרא, ומה גם שאמרו האדם איני לומד מפני שאיני מבין, **הוא פיתוי היצר**, יתמיד בלימודו וסוף הבינה לבא, שבראות קדוש ברוך הוא **חשקו בתורתו ודבקותו בה, פותח לו מעייני החכמה,** דכתיב - כי הוי"ה יתן חכמה מפיו דעת ותבונה. והנני מוסר לך דבר אשר תרדוף אחריה, ויהיה חיים לנפשך ועניקים לגרגרותיך, **לעולם יהיה עיקר לימודך בדבר של תורה שליבך חפץ יותר**, אם בגמרא גמרא, ואם בדרוש דרוש, ואם ברמז רמז, **ואם בקבלה קבלה,** ורמז לדבר כי אם בתורת הוי"ה חפצו, כלומר תורת הוי"ה תלויה בדבר שלבו חפץ לעסוק, וכמו שמבאר האר"י זלה"ה בספר דרושי הנשמות והגלגולים פרק שלישי, וז"ל - יש בני אדם שכל חפצם ועסקם בפשטי התורה, ויש שעסקם בדרוש, ויש ברמז, ויש גם כן בגימטריות, **ויש בדרך האמת,** הכל כפי מה שעליו נתגלגל בפעם ההוא, כיון שהשלים פעם אחרת בשאר העניינים, אין צורך לו שבכל גלגול יעסוק בכולם, עד כאן לשונו. **ואל תביט ותשגיח לדברי המתנגדים על מה שחשקת לעסוק בתורה** בגמרא או בפשט או בדרוש וכו', באומרם לך למה אתה מוציא כל ימיך בפרט זה של תורה ולא בפרט זה, משום שעל מה שחשקת ללמוד, על דבר זה באת לעולם, ואם תשים דעתך לדבריהם, יכריחוך להתגלגל בזה העולם פעם אחרת ולעבור נפשך בחרב חדה של מלאך המות ולטעום טעם מיתה, ולכן לא תשמע לדברי המשחית נפשך, **כי דע שהשטן מתלבש באלו האנשים לדאוג ולהצטער ולהכאיב נפש הלומד ועוסק בתורה,** בחלק שֶׁאָנְתָה נפשו לעסוק, כדי להבדילו משם שלא ישלים נפשו, על מה שבא להשלימה, ולהכריחו גלגולים אחרים, וכשם שבדבר שחושק יותר האדם ללמוד, משם יבין שעל דבר זה נתגלגל להשלים, כך צריך האדם שידע שורש נשמתו ומהיכן נמשך ועל מה בא לתקן ולהשלים, כמו שאמר בזוהר שיר השירים על הגידה לי את שאהבה נפשי וכו'. **וכדי שיבין יראה באיזה מצוה תקיף יצרו יותר לבטלה יתחזק בה לקיימה, כי בוודאי על מצוה זו נתגלגל,** וכדי שלא ישלים חוקו מנגדו יצרו לבטלה להוציאו מן העולם בידיים ריקניות... ולכן לא תשמע לדברי רשעים אלו, אלא תשמע לדברי חיים.

חבר אני לכל אשר יראוך ולשמרי פקודיך. בסוף[11] עץ חיים מובא מספר כללים למהרח"ו, וז"ל - להאר"י זלה"ה. הרמב"ן וחבריו ודברי ראשונים כמו רבי נחוניא בן הקנה לא הזכירו רק עשר ספירות, ולא גילו עניני פרצוף כלל. **ודע שהרמב"ן והראשונים היו יודעים בפרצוף**, אלא שדברו בהעלם גדול, לרוב הגלות שלא ניתן רשות לגלות, ולהתפשט האורות הגדולים, מאחר שגברו הקליפות, וכל זר לא יאכל קדש. **אמנם בעקבות משיחא כמו בדורינו זה התחילו האורות להתפשט להיות כבראשונה**, כמו שהיה בזמן העולם מתוקן ולהתתקן מעט. ומתחלה היו האורות סתומים, היה העולם מקולקל, וכל מה שנתקלקל נסתם בגלות, ולא היו משיגין אלא עשר ספירות בסתום, בסוד הנקודות, כל אחד כלול מעשר, ובעניין הפרצופים לא נתגלה להם כלל, לפי שמצאו בדברי הראשונים סתומים, ולא ידעו עומק הדברים, וחשבו שכך הוא ודברו בעשר ספירות כל אחד כלול מעשר ובחינות הרבה, ולפי שראיתי מי שחולק על דברים אלו לאמור שלא מצינו אלא עשר ספירות, ומהיכן יש לשלוט כח לאמור כמה פרצופים שנמצא יותר מעשר ספירות, ומספר רב והלא הראשונים כתבו בספר יצירה - עשר ולא תשע, עשר ולא י"א, לזה באתי לפתוח לך כחודא דמחטא, אולי תזכה להבין מקצת, וכולו לא תשורנו עין, וזהו. ובהקדמתו[12] הקדושה כותב הרב ז"ל - והנה אין בכל דור ודור שלא נמצאו בו אנשים יחידי סגולה ששרתה עליהם רוח הקודש, והיה אליהו הנביא ז"ל נגלה עליהם, **ומלמד אותם סתרי החכמה הזאת**, וכמו שנמצא כתוב בספרי המקובלים, גם בעל ספר הרקנטי כתב בפרשת נשא בפרשת ברכת כהנים..... ואנשי לבב שמעו לי, אל יהרסו אל הוי"ה, **לראות בספרי האחרונים הבנויים על פי השכל האנושי**, ושומע לי ישכון בטח ושאנן מפחד רעה. ולכן אני הכותב הצעיר חיים וויטאל, רציתי לזכות את הרבים **בהעלם נמרץ והמשכילים יבינו**, וקראתי שם החבור הזה על שמי **ספר עץ חיים**, וגם על שם החכמה הזאת העצומה, חכמת הזוהר, הנקרא עץ חיים, ולא עץ הדעת כנזכר לעיל, בעבור כי בחכמה הזאת טועמיה חיים זכו, ויזכו לארצות החיים הנצחיים, **ומעץ החיים הזה ממנו תאכל, ואכל וחי לעולם**. ואשכילך ואורך דרך זו תלך דע מן היום אשר מורי זלה"ה החל לגלות זאת החכמה, **לא זזה ידי מתוך ידו אפילו רגע אחד**, וכל אשר תמצא כתוב באיזה קונטריסים על שמו ז"ל, ויהיה מנגד מה שכתבתי בספר הזה, **טעות גמור הוא, כי לא הבינו דבריו, ואם יש בהם איזה תוספות שאינו חולק עם ספרינו זה, אל תשית לבך בקבע אליו, כי שום אחד מהשומעים את דברי קדשו, לא ירדו לעומק דבריו וכוונתו, ולא הבינום**, בלי שום ספק. ואם יעלה לדעתך לחשוב שתוכל לברור הטוב ולהניח הרע, אל בינתך אל תשען, כי אין הדברים האלו מסורים אל לב האדם כפי שכל אנושי, והסברא בהם סכנה עצומה, ויחשב בכלל קוצץ בנטיעות חס ושלום, לכן הזהרתיך ואל תסתכל בשום קונטרסים הנכתבים בשם מורי זלה"ה, זולתי במה שכתבנו לך בספר הזה, **ודי לך בהתראה זאת**, אלו הם דברי קדשו. ועלינו ללמוד אך ורק בתורת מורינו חיים.

אני קראתיך כי תענני אל הט אזנך לי שמע אמרתי. עוד כתב הרב ז"ל בהקדמתו תנאים כדי לזכות לחכמה הקדושה הזאת, וז"ל - אני הכותב משביע בשמו הגדול יתברך, לכל מי שיפלו

11

ע"ח ח"ב דקי"ט ע"א.

12

ע"ח ד"ד ע"ב.

הקונרטסים אלו לידו, שיקרא הקדמה זאת, ואם אותה נפשו לבוא בחדרת החכמה זאת, יקבל עליו לגמור ולקיים כל מה שאכתוב ויעיד עליו יוצר בראשית, שלא יבוא אליו היזק בגופו ונפשו, ובכל אשר לו, ולא לאחרים. תחת רודפו טוב והבא לטהר ולקרב. **ראשית הכל יראת הוי"ה, להשיג יראת העונש, כי יראת הרוממות, שהוא יראה הפנימית, לא ישיגוהו רק מתוך גדלות החכמה**, ועיקר מגמתו בידיעה הזה יהיה לבער קוצים מן הכרם, כי לכן נקראים העוסקים בחכמה הזאת מחצדי חקלא. **ובודאי שיתעוררו הקליפות נגדו לפתותו ולהחטיאו, לכן יזהר שלא לבוא לידי חטא אפילו שוגג**, שלא יהיה להם שייכות בו, לכן צריך ליזהר מהקלות, כי הקדוש ברוך הוא מדרדק עם הצדיקים כחוט השערה, לכן צריך לפרוש עצמו מבשר ויין כל ימות השבוע, **וצריך הזהרת סור מרע ועשה טוב**, ובקש שלום. בקש שלום צריך להיות רודף שלום, ולא להקפיד בביתו על דבר קטן וגדול, וכל שכן שלא יכעוס ח"ו.

<u>וצריך להתרחק בתכלית הריחוק סור מרע.</u>

א. ליזהר בכל דקדוקי מצות, ואפילו בדברי חכמים, שהם בכלל לא תסור.

ב. לתקן המעוות קודם שיבא לעולם הבא.

ג. יזהר מהכעס, אפילו בשעה שמוכיח את בניו, לא יכעוס כלל ועיקר.

ד. גם צריך ליזהר מהגאוה, ובפרט בענין הלכה, כי גדול כחה והגאוה, בזה עון פלילי.

ה. בכל צער שיבא לו, יפשפש במעשיו ויישוב אל הוי"ה.

ו. גם יטבול בעת הצורך לו.

ז. גם יקדש את עצמו בתשמיש המטה שלא יהנה.

ח. שלא יעבור כל לילה ויחשוב בכל לילה מה שעשה ביום, ויתודה.

ט. גם ימעט בעסקיו ואם אין לו פרנסה כי אם על ידי משא ומתן, יכין יום שלישי ויום רביעי, מחצי היום ואילך, ובכוונה שהוא לעבודת קונו.

י. כל דבור שאינו של מצוה והכרחי, יהיה זהיר ממנו, ואפילו דבר מצוה ימנע בשעת התפלה.

<u>ועשה טוב</u>

א. לקום בחצי הלילה, ולעשות הסדר בשק ואפר ובכי גדול, ובכוונה כל אשר יוציא בשפתיו. ואחר כך יעסוק בתורה כל זמן שיוכל להיות בלי שינה, ובלבד שחצי שעה קודם עלות השחר יתעורר לעסוק בתורה.

ב. ילך לבית הכנסת קודם עלות השחר, קודם חיוב טלית ותפילין, להיזהר שיהיה מעשרה ראשונים.

ג. קודם שיכנס, ישים אל לבו מצות עשה ואהבת לרעך כמוך, ואחר כך יכנס.

ד. להשלים רמז צדיק בכל יום. שהוא צ' אמנים, ד' קדושות, י' קדישים, ק' ברכות.

ה. שלא להסיח דעתו מהתפילין בעת התפילה, זולת בעת העמידה ועסק התורה.

ו. צריך שיהיה עוסק בתורה, מעוטף בטלית ותפילין.

ז. לכוין בתפלה הכוונות, כמו שנבאר בע"ה.

ח. שישים תמיד נגד עיניו שם בן ארבעה אותיות הוי"ה, ויזדעזע ממנו, כמו שכתוב - שויתי הוי"ה לנגדי תמיד.

ט. שיכוין בכל הברכות, בפרט בברכת הנהנין.

י. צריך שיהיה עמל בתורה פרד"ס, שנאמר או יחזיק במעוזי, ואל יחשוב שיגלו לו רזי התורה בהיותו ריק, כדכתיב - יהב חכמתא לחכימין, וצריך ליזהר שלא יוציא בשפתיו בחכמה זו, מה שלא שמע מאדם שראוי לסמוך עליו, וכאזהרת רשב"י וחבריו. השגת החכמה תנאי הראשון, צריך למעט דבורו, ולשתוק, כל מה שיוכל כדי שלא להוציא שיחה בטילה, כמאמר רז"ל - סייג לחכמה שתיקה. גם תנאי אחר, על כל דבר תורה שלא תבינהו, תבכה עליו כל מה שתוכל. גם עלית הנשמה בלילה לעולם העליון, שלא תשוט בהבלי העולם, תלוי שתישן בבכיה. ומרת עצבות מגונה עד מאוד, ובפרט להשיג חכמה, והשגה אין לך דבר מונע השגה יותר מזה. גם בענין השגת האדם, אין לך דבר שמועיל כמו הטהרה והטבילה, שיהיה האדם טהור, בכל עת ומורי זלה"ה עם היות שהיה לו חולי השבר שהקור מזיק לו, עם כל זה לא היה מונע מלטבול בכל עת, עד כאן דברי קודשו. ועלינו לקיים את בקשת הרב ז"ל את הבחינות של[13] סור מרע ועשה טוב, כדי לטפס בעץ החיים.

מרן הרש"ש מעיד[14] על עצמו, וז"ל - וראיתי מה שכתבו מעלת כבוד תורתם, על ענין עבודת הוי"ה שקצרתי במקום שהיה ראוי להרחיב מעט הדיבור, אמת הוא כי לכתחילה קצרתי בו, **יען ראיתי כמה מהנזק יצא ממה שכתבו בזה המקובלים שקדמו, כי רבים חללים הפילו, וחלול כבוד הוי"ה, וכבוד התורה. הוי"ה יכפר בעדם, כי כל דבריהם לא על פי התורה הם, ואינם מיוסדים על האמת, ומהם יצאו אבות, ומאבות תולדות הריסת יסודי התורה ח"ו, הוי"ה יכפר. וכל זה לא שלמדתי בדבריהם ח"ו**, אלא שפעם אחת הוכרחתי בעל כרחי לעיין בדף אחד שכתוב בו קצור מה שכתבו בענין זה, **וכמעט שקרעתי בגדי לראות דברים אשר לא כן על הוי"ה.** הוי"ה יכפר, וכבר מילתי אמורה להם, **כי עידי בשמים כי כל עסקי ולמודי, אינו רק בדברי האר"י זלה"ה, ותלמידו מהרח"ו ז"ל לבדם, ובלעדם אין לי עסק בשום ספר מספרי המקובלים ראשונים ואחרונים, ואפילו בדברי שאר תלמידי האר"י ז"ל לא למדתי, וכשיזדמן לפני דבר מדבריהם, אני מדלגו.** כי על כן איני כמזהיר, אלא כמזכיר, למען הוי"ה אל יהי לכם מגע יד בדבריהם, ובפרט בענין זה, השמרו לכם פן יפתה לבבכם, **אלא כל לימודם לא יהיה אלא בעץ חיים ובספר מבוא שערים ובשמונה שערים המפורסמים,** שכולם דברי אלהי"ם חיים. ואני קצרתי בענין זה כל מה שאפשר, כי יראתי פן יפלו אלו דפים ביד מי שעדיין לא למד דברי האר"י ז"ל כראוי, **ויחשידני שלמדתי בספרים אחרים, ולא כן הוא כאמור,** ולכן קצרתי בו, ופיזרתי בהקדמה, עד כאן דברי קודשו של מרן הרש"ש. ואנחנו תפילה שיתגלה משיח צדיקנו במהרה בימינו, ומלאה[15] הארץ דעה את הוי"ה כמים לים מכסים, דעת תורת החיים.

———————————

13

תהלים ל"ד ט"ו – סור מרע ועשה טוב בקש שלום ורדפהו.

14

נהר שלום דף ל"ד ע"א.

15

ישעיהו י"א ט' – לא ירעו ולא ישחיתו בכל הר קדשי כי מלאה הארץ דעה את הוי"ה כמים לים מכסים.

כתב רבינו גאון הקבלה רבי אליהו מני, רבו של הרי"ח הטוב, רבי יוסף חיים בעל הספר "בן איש חי", בספרו הקדוש **כסא אליהו** כי על הלומד כל מאמר ומאמר ארבעה חמשה פעמים בלי המפרשים, וינסה להבין את המאמר בעצמו. ואחר כך ילך לראות אם כיוון לדעת המפרשים.

וכן אני הקטן מבקש בכל לשון של בקשה, ללמוד את הדרוש כמו שהוא מובא בספר עץ חיים, ארבעה חמישה פעמים, כדי לנסות להבין את הדרוש. וכל דרוש מובא בתחילת הספר במלואו.

אחר כך יכנס ללמוד את הדרוש עם ביאור הדברים, עוד ארבעה חמישה פעמים, ואחר כך יראה את המקורות להגהות, ודברי רבותינו הקדושים, עם התרשימים וטבלאות.

ואז יעלה ויצליח בלימוד תורת האר"י הח"י.

כתב רבינו **השד"ה** רבי שאול דוויק הכהן, בהקדמת ספרו איפה שלימה, על אוצרות חיים וז"ל - וכדי שיוכל לעלות לימודו למעלה, ריח ניחוח לה'. קודם כל לימוד ימסור עצמו על קדושת ה', כי זה מועיל מאוד, כמו שכתוב בשער הכוונות דף כ"ד ע"ב, כי עתה בזמנינו בעונותינו הרבים אין יכולת לעשות זווג כתיקונו למעלה, ולסיבה זו הקץ מתארך וכו'. אמנם עם כל זה יש קצת תיקון במה שנמסור נפשינו על קידוש ה' בכל הלב, כי על ידי כן אפילו אין בנו שום מעשים טובים, והרשענו עד להפליא. הנה על ידי מסירת נפשינו להריגה, מתכפרים עונותינו כולם, ויש בנו יכולת לעלות עד אימא עילאה, כמו שאמרו חז"ל - גדולה תשובה שמגעת עד כסא הכבוד, שנאמר - שובה ישראל עד ה' וכו', עד כאן דבריו.

וזה הסדר

יקבל עליו ארבע מיתות בית דין, מארבעה אותיות הוי"ה וארבעה אותיות אדנ"י, וליחדם על ידי ארבעה אותיות אהי"ה ועל ידי עסמ"ב

סקילה	י **א**	וליחדם על ידי **א**	יוד הֹי וִיו הֹי	
שרפה	**ה** ד'	וליחדם על ידי **ה**	יוד הֹי ואו הֹי	
הרג	ו **נ**	וליחדם על ידי י	יוד הֹא ואו הֹא	
וחנק	**ה** י	וליחדם על ידי **ה**	יוד הֹה וו הֹה	

לְשֵׁם יזזוּד
קֻדְשָׁא בְּרִיךְ הוּא וּשְׁכִינְתֵּהּ

יאהדונהי

בְּדְזִזילוּ וּרְזזִימוּ   וּרְזזִימוּ וּדְזזִילוּ

יאהדוידהה   איהדיוההה

לְיַזֵזְדָּא אוֹתִיּוֹת י"ה בְּו"ה, בְּיזזוּדָא שְׁלִים

יְהֹו"ה

בְּשֵׁם כָּל יִשְׂרָאֵל, לַאֲקָמָא שְׁכִינְתָּא מֵעַפְרָא, הָרֵינִי לוֹמֵד בַּסֵּפֶר
קַבָּלָה פְּלוֹנִי שֶׁהוּא כְּנֶגֶד תִּפְאֶרֶת דז"א בְּעוֹלָם הָאֲצִילוּת שֶׁבּוֹ
שֵׁם מ"ה כָּזֶה יוֹ"ד הֵ"א וָא"ו הֵ"א לַעֲשׂוֹת מֶרְכָּבָה. וִיהִי רָצוֹן
מִלְּפָנֶיךָ ה' אֱלֹהֵינוּ וֵאלֹהֵי אֲבוֹתֵינוּ שֶׁתְּזַכֵּךְ רוּחֵנוּ וְנַפְשֵׁינוּ שֶׁיִּהְיוּ
רְאוּיִים לְעוֹרֵר מַיִן תַּתָּאִין עַל יְדֵי קְרִיאַת סֵפֶר הַקַּבָּלָה הַזֹּאת.
וִיהִי נֹעַם יְהֹוָה אֱלֹהֵינוּ עָלֵינוּ וּמַעֲשֵׂה יָדֵינוּ כּוֹנְנָה עָלֵינוּ וּמַעֲשֵׂה
יָדֵינוּ כּוֹנְנֵהוּ.

בָּרוּךְ ה' לְעוֹלָם אָמֵן וְאָמֵן, נֶצַח, סֶלָה, וָעֶד.

שער ד' פרק ד'

אמנם כל נ"ח זה הוא בסוד התבונה שהוא סוד אזן כנ"ל. והענין שכבר ידעת שלעולם יש בחי' פנימיות וחיצו' שהנה ה' זו שירדה מס"ג הוא מהחזה ולמטה דתבונה עצמה וכאשר נתפשטה וירדה למטה הנה חצי עליון דתבונה בכמות ולא באיכות כנ"ל ירדה במקום שהיתה חצי תחתון של תבונה והחצי תחתון של בינה עצמה ירדה במקום אשר)היתה(מתחלת התבונה שהוא חצי עליון דתבונה וחצי עליון דבינה ירדה במקום חצי תחתון של בינה עצמה הרי כי הכל ירדו למטה. נמצא שכל כללות שם ס"ג שהיתה תחלה בבינה ותבונה עתה ימצא הכל במקום שהיתה מתחלת ראש התבונה שהוא מחצי בינה ולמטה לפי שעתה בינה ותבונה הכל נמשך במקום שהזה ונמצא שכל זה יקרא תבונה וצריך שימצא בה' זו שם כל ס"ג שהוא נ"ח כמנין אזו"ן זה וה' שירדה בחותם הרי ס"ג.

אמנם נבאר עתה איך הם נ"ח במספרם. דע כי כשאנו אומרים שה' נתפשטה למטה בחותם, אינו רק בחי' חיצוניות שלה כמבואר אצלינו בסוד עליית התפילות. והנה נשאר למעלה פנימיות ה' זו. וחיצוניות ופנימיות הב' ההי"ן האחרים שביארנו. כי סוד התבונה הוא ג' ההי"ן שהם ה"י אחרונה דשם ס"ג וחשבון ה"י זו היא ג' ההי"ן. והנה חיצוניות ה' ג' ירדה בז"א ונעשה פנימיות אליו, ופנימיות ה' זו נשארה למעל' ונשארו גם ב' ההי"ן אחרו' בסוד חיצוניו' ופנימיו'. והנה זו הפנימיות שנשאר מן ה' זו שירדה צריך שתחזור להיות חיצוניות על חיצוניות של ב' ההי"ן העליונות אחרות שנשארו, ועתה נגדלת ה' זו שיעור ב' ההי"ן כדי להלביש אל ב' ההי"ן העליונים. נמצא כי ההי"ן אלו נעשו ד' ההי"ן, ב' בתוך ב' הרי עשרים. נשאר עתה פנימיות ב' ההי"ן העליונה הנ"ל והם נעשו חיצוניות לחיצוניות אותיות וא"ו העליונה כנ"ל כי הכל הולך אחר ההתחלה שכיון שירדה תחלה החיצוניות דאות ה' בז"א. עתה כל המדרגות צריכין לילך אחריה ולעשות התלבשות אחר חדש, והנה חיצוניות אות וא"ו נעשה פנימיות לפנימיות ב' ההי"ן, וא"כ צריך שיוגדלו הב' ההי"ן אלו שהם מספרם י' שיהיו במספר י"ג כמנין וא"ו להלביש אותם הרי י"ג וי"ג כ"ו, וכ' הראשונים הרי מ"ו, נשארו עתה פנימיות וא"ו זו מגולה. והנה אעפ"י שמן אות ו' ולמעלה נקרא הכל בינה כנ"ל. עכ"ז כיון דחיצוני וא"ו ירדה להתלבש בב' ההי"ן שהם וא"ו של תבונה, ובסיבה זו נשארה אות וא"ו פנימיות לבדה מגולה)נ"א אותיות פנימיות לבדן מגולין(לכן עדיין כ"ז נקרא בסוד תבונה ואז נעשה פנימיות של וא"ו זו, חיצו' למעלה, ויוורדין ב' חלקים מן י' חלקים של י' דמלוי ה"י ראשונה של בינה, ויורד הפנימיות והחיצוניות)נ"א החיצוניות(שלהם ונעשה פנימיות לי"ג אלו. כיצד הנה ג' מי"ג אלו של הוא' הג' עליונים מהם עולים ונעשו חיצוניות אל פנימיות ב' חלקי י' היורדין למטה להתלבש. ושאר הי' של הוא' הלבישו לחיצוניות בחי' ב' חלקי י' זו היורדין למטה. כי כך הוא שיעור ב' העליונות כג' חלקים של וא"ו הפנימיות, ונשאר עתה חיצוניות הב' חלקים של י' בי' חלקים)ג' עליונים כי וא"ו הפנימים(של וא"ו הפנימים, וכל הי' נעשו כולם חיצוניות אל הב' חלקים, הרי הם י"ב, ועם המ"ו ראשונים נעשה נ"ח. וכ"ז הוא מכלל התבונה כנ"ל כי כל

הורדת וא"ו הוא לצורך ההי"ן לכן גם פנימיות וא"ו הנעשה חיצוניות אל ב' חלקים]עליונים[גם הם יקראו תבונה ע"ד הנ"ל, הרי מבואר איך כללות זה הוא נ"ה במספר אז"ן ועם ה' תתאה שנתלבשה בחוטמא הרי ס"ג בתבונה לבדה. והטעם שאלו הב' חלקים עליונים של היו"ד החיצו' היו פנימים אל כל הי' של הוא"ו, הטעם הוא כי הלא כל מה שהיו שיעורם להלביש נ"א)לא(היו רק ב' לבד כמותם ונמצא שמה שנתוספו הוא ח' אחרים להשלים מנין י' של הוא"ו הנשארת כי כל דבר עליון הוא גדול ככל מה שלמטה ממנו והנה מה שנתגדל בתוס' שלמטה ממנו היה ח' חלקים לכן גם היו"ד)נ"א היא הוסיפה(נ"א הם הוסיפו ח' חלקים של תוס', שהנה למטה פנימיות ה' תתאה גדלה ונעשה ב' ההי"ן הרי תוס' ה'. ואח"כ פנימיות ב' ההי"ן גדלו ונעשו י"ג כמו הו' הרי שגדלו ג' חלקים. וה' ראשונים הרי ח'. וכנגדם היה כח כאן להוסיף ח' אחרים. ואל תקשה למה גם הוא"ו שהיא למעלה מן ההי"ן למה לא הגדילה והוסיפה בב' ההי"ן ה' חלקים אחרים כמו שהגדילו הב' ההי"ן בה' תתאה כי התשובה מבוארת כי לא היה צורך רק אלו הג' לבד כדי שיעשו י"ג כמנין וא"ו ולא הוצרכו להגדיל יותר ואולם אלו הח' חלקים עליונים הם סוד א"ז. מאז"ן. והענין כי הנה ב' חלקים עליונים של וא"ו המלבישים לב' חלקי יו"ד הנה הם ב' כנגד ב' אך התוס' הם ח' והנה אלו הב' כאשר תמשיך אורם בה' אלו הנה החלק העליון ממשיך עד הז' והחלק הב' ממשיך עד הח' כי להיותו למטה מן הראשון יש לו כח עוד להמשיך חלק א' יותר ממה שמתפשט העליון נמצא כי ז' חלקים הראשונים של התוס' הם כלולים מאור)ראשון של ל"ג(ב' חלקים העליונים אך חלק הח' אינו נמשך רק מן חלק הב' המתפשט עד שם לכן אלו הח' נחלקים לב' חלקים והם א"ז מאז"ן והם ממטה למעלה כי א' פחותה מן הז' וכן הז' מן הנו"ן בערך)נ"א בבחינת(אחר כמ"ש כי הנו"ן הוא עיקר)עיין תחלת פרק הבא(שהם כ"ה כ"ה דיחודא דשמע ישראל. והנה כבר כתבנו איך כל זה הוא מכלל התבונה ולכן צריך שימצא בה עתה סוד ס"ג שהוא נ"ה עם ה' אחרונה ס"ג. אמנם ג' עליונים של וא"ו מהפנימיות שלו אשר נעשו חיצו' אל הפנימיות ב' חלקים שירדו למטה בג' של הוא"ו כנ"ל אינם מכלל התבונה כיון ששרשם מן וא"ו שאינה מן התבונה וגם נכנסו ביו"ד דמלוי ה"י דבינה עצמה ולכן אינו מצטרף עם הס"ג. אמנם עכ"ז יש בחי' א' והוא כי עכ"ז חיצוניות של וא"ו זו נתלבשה בב' ההי"ן של התבונה כנ"ל לכן הם עדיין בכלל התבונה בבחי' א' והוא כי ג' חלקים אלו הנעשה חיצוניות לפנימיות ב' חלקי העליונים של הי' הנה הם במספר ה' חלקים והם סוד ה' אחרת דוגמת ה' תתאה המתלבש בז"א וה' זו אינה לא מבינה ולא מתבונה ונשארת בסוד מקיף אל כל התבונה שהם נ"ה וה' תתאה מכולם הרי ס"ג והרי עתה הם ה' לעילא וה' לתתא נ"ה באמצעיתא ואם תחבר נ"ה עם ה' תתאה יהיה ס"ג וכן אם תחבר ה' עילאה עם נ"ה יהיו ג"כ ס"ג וז"ס אלה תולדות נ"ח ודרשו רז"ל נייחא בעלאין נייחא בתתאין. והוא מ"ש בענין זה כי בהתחברות נ"ח למעלה בה' עלאה יהיה ס"ג ובה' תתאה ס"ג והכלל בעצמו שורש ס"ג הרי ג' מיני ס"ג ובפ' בתרא נבאר ענינים.

פרק ד'

דרוש זה מקורו מספר שער ההקדמות וצריך לכתוב מ"ק בראש הדרוש.

אמנם[16] כל נ"זז זה הוא בסוד התבונה השניה, שהנה"י שלה התלבשו הז"א, **שהוא סוד אז"ן כנ"ל.** הרב ז"ל בה ללמד כי כאשר נה"י דתבונה השניה, שהיא התבונה השלישית, ירדו להתלבש בז"א, לא כל בחינת הנה"י ירדו, אלה רק בחינת החיצוניות שלהם, שהם הכלים, ולא הנשמה, **והענין שכבר ידעת**[17] **שלעולם יש**[18] **בבזינ'ת פנ'ימ'יות** שהם העצמות והם הנרנח"י, **וזו'יצ'ונ'יות**[19] הכלים שהם הגוף, הרב ז"ל משנה את המוסגים וקורא לנה"י דתבונה שניה – מהחזה ולמטה, והכוונה לתבונה השלישית שהיא הנה"י דתבונה

16

בית לחם יהודה ש"ד פ"ד - אמנם כל נ"ח זה הוא בסוד התבונה. כלומר כי אף על פי דאמרינן בפרק ג' דלעיל, דהנ"ח הוא בבינה ובתבונה, כי יו"ד ה"י וא"ו הוא בבינה, והב' ההי"ן האחרונים הם בתבונה. עם כל זה כל הנ"ח ימצא במקום התבונה בלבד, כי התבונה ירדה ממקומה, וירדה אחריה גם הבינה, כדמפרש ואזיל, ואם כן גם היו"ד ה"י וא"ו הם במקום התבונה.

17

ע"ח ח"ב שכ"ה דרוש ב' ד"ח ע"ג - ונבאר ענין אלו הנה"י של תבונה, כי הנה חיצוניותן לבד הוא אשר בו מתלבש הצלם והמוחין הנ"ל, כי אור פנימי אינו נשאר כאן, כי אין כח בז"א לקבלו, והנה הוא מסתלק משם ומתקבץ בחציו ראשון של התבונה, ושם נשאר. נמצא כי נה"י של תבונה בלתי חיותם, ואמנם חיצונותם ממש הם היורדין תוך ז"א הם בעצמם, וזה סוד אדם כי ימות באהל, ודרשו ז"ל - אין התורה מתקיימת כו', והוא ז"א הנקרא תורה, אינה מתקיימת אלא על ידי מ' שהיא תבונה, שממיתה עצמה ממש, חיצונותיה שבה, הנשאר בלתי אור פנימי שהם חיותה, וזהו לצורך ז"א לתת לו מוחין שהם קיומו.

18

הערכים של פנימיות וחיצוניות הם ערך של נשמה לגוף, אורות לכלים.

נהר שלום די"ב ע"ד - והענין בקיצור נמרץ, ידוע כי כל העולמות מראש א"ק עד סוף העשיה, כלולים מחיצוניות ופנימיות, וכל אחד משניהם נחלק לחיצוניות ופנימיות, ואין לך שום בריה שאינה כלולה מחיצוניות ופנימיות. אמנם החיצוניות דכללות כל העולמות הם העיגולים דכל העולמות, והפנימיות הוא היושר דכל העולמות, וכל אחד נחלק לחיצוניות ופנימיות, שהם **הכלים והאורות, גוף ונשמה,** כי הכלים שהם הי"ס דכל פרצוף נקרא חיצוניות בערך הפנימיות, שהם האורות, והנרנח"י, המלובשים בהם. וכן בפרטות הי"ס הנחלקים לשלשה פרצופים, נה"י, חג"ת, וחב"ד, מתלבשים זה בתוך זה, כי פרצוף דנה"י המלביש לפרצוף חג"ת, נקרא חיצוניות בערך פרצוף החג"ת המתלבש בתוכו, ופרצוף החג"ת נקרא פנימיות אליו, ופרצוף החג"ת נקרא חיצוניות בערך פרצוף החב"ד המתלבש בו, והחב"ד הוא פנימיות אליו. וכל זה הפרצוף הכלול מחב"ד, וחג"ת, ונה"י, נקרא חיצוניות בערך הפרצוף העליון המתלבש בו, וכן על דרך זה מפרצוף לפרצוף עד א"ס, וכן על דרך זה בכללות, כי כללות עולמות בי"ע נקרא חיצוניות לאצילות המתלבש בתוכם, והוא פנימיות אליהם, וכן האצילות נקרא חיצונות לא"ק, המתלבש בתוכו, והא"ק פנימיות אליו, והא"ק נקרא חיצוניות לאור הא"ס המתלבש בתוכו, שהוא שורש וחיות הכל.

19

הגהות וביאורים)א(– נ"ב ס"א ונשארה שם יה"ו למעלה לבינה, וגם כן בכאן בתבונה יה"ו למעלה, וה' זו ירדה, כי ההי"ן כולם בתבונה, וזה השליש התחתון שירדה משם ס"ג.

השניה, המלבישה את התבונה השניה מהחזה ולמטה, **הָנֵּה** **הָ' ה'**[20] שהיא נה"י דתבונה השניה, ונקראת תבונה שלישית **שֵירדה מס"ג, הוּא מהחזה** דתבונה שניה **ולמטה דתבונה** שניה, שהיא תבונה דתבונה **עצמה** לפני שהתפשטה לתוך ז"א[21], **וכאשר נתפשטה וירדה למטה** תוך ז"א, נשאר המקום של הנה"י דתבונה שניה ריק[22], **הנה זהצי עליון דתבונה** השניה **בכמות, ולא באיכות כנ"ל,** ירדה התבונה השניה **במקום שהיתה זהצי תחתון של תבונה** השלישית[23], כי התבונה השלישית התלבשה בז"א, **והזהצי**[24] **תחתון של בינה** שהיא בינה דתבונה, הנקראת בינה שניה **עצמה,** ירדה **במקום אשר** (צ"ל היתה)[25] **מתחלת התבונה** השניה[26] **שהוא זהצי עליון דתבונה** השניה[27], **וזהצי עליון דבינה** הראשונה ירדה **במקום זהצי תחתון של בינה** השניה **עצמה**[28], **הרי כי הכל ירדו** ר"ל כל הפרצופים **למטה** מרום המעלות עד תחתית האצילות[29]. **נמצא שכל כללות שם ס"ג שהיתה תזחלה**

---

[20]

בית לחם יהודה ש"ד פ"ד - הנה ה' זו שירדה מס"ג. קאי על החיצוניות שלה בלבד, וכן כל ירידות שבסמוך הם בחיצוניות לבד.

[21]

תרשים ד – א.

[22]

תרשים ד – ב.

[23]

תרשים ד – ג.

[24]

בית לחם יהודה ש"ד פ"ד - וחצי התחתון של בינה עצמה ירדה וכו'. כלומר וחצי התחתון של מחצית העליון דבינה, שהוא רביע דכללות הבינה, שהרי כל כללות התבונה אינה כי אם מחצית הבינה בכמות, וכשירד בז"א מחצית התבונה, אם כן לא יצטרך לירד מן הבינה רק רביעית שלה בלבד, ואם כן רביעית יהיה במקום אשר היתה מתחלת התבונה.

[25]

הגהות וביאורים)ב(– תיבת היתה הוא טעות סופר, וצ"ל אשר מתחלת, כי הלא לעיל בסמוך, וכן לעיל פרק ג' אמר חצי תחתון של הבינה הוא לעולם בתוך החצי העליון דתבונה, שהרי הוא מתחלת מהחזה דבינה. ובע"ח כתב יד ליתא שהיתה שבשורה, הקודמות שהיתה חצי כו', אבל האמת הוא כי שם הוא ניחא, אבל בכאן הוא טעות סופר, וכך הוא גם כן בשער הקדמות ע"ש ל"א ד' שורה מ"ה מ"ו)ה"ר שב"ח(.

[26]

וכך כל חצי עליון יורד לחצי התחתון, פרצוף אחר פרצוף עד רום המעלות.

[27]

תרשים ד – ד.

[28]

תרשים ד – ה.

[29]

זה שהרב ז"ל כותב הרי הכל ירד, זה לשון מטעה, כי באמיתות הענין בסדר נתינת המוחין, אין העליונים יורדים ומתלבשים בתחתונים, אלא ההפך הוא, הפרצוף התחתון עולה ומלביש את הפרצוף שמעליו, ומזתכך למדרכה של חיצוניות הפרצוף העליון. וכיון שאופן נתינת המוחין הוא שהנה"י של הפרצוף העליון מתלבש בכל הפרצוף התחתון, לכן אומרים בדרך משל שהפרצופים יורדים ונותנים מוחין.

18

בבינה דתבונה, **ותבונה** דתבונה דתבונה, **עתה**[30] שירדו כל הבחינות זו למקום של זו, **ימצא** שכל הפרטים שהיו בבינה ותבונה דתבונה, כאשר אותיות יו"ד ה"י וא"ו היו בבינה דתבונה הראשונה, ואותיות ה"ה היו בתבונה דתבונה, שהיא התבונה השניה, ואות ה' שהיתה בנה"י דתבונה שניה שהם התבונה השלישית הם **הכל במקום שהיתה מתוזלת ראש התבונה**[31] ר"ל כי הנה"י דתבונה שניה שהיא התבונה השלישית, והיא אות ה' ירדה לז"א, אותיות ה"ה שהם בחלק העליון דתבונה שניה, ירדו לנה"י דתבונה שניה, שהם מקום התבונה השלישית, אותיות יו"ד ה"י וי"ו שהיו בבינה דתבונה הראשונה, ירדו למקום התבונה השניה, **שהוא מחצי בינה הראשונה ולמטה** שהוא תחילת הבינה השניה, יוצא מכל זה כי שם ס"ג מתחיל מפרצוף הבינה השניה ולמטה, **לפי**[32] שעתה **בינה ותבונה הכל נמשך במקום שהוא** שהוא ראש הבינה השניה, **ונמצא שכל זה יקרא תבונה** באופן כללי לכל התבונות הנמצאות במקום זה, שהם תבונה ראשונה, שניה ושלישית, **וצריך שימצא** לתבונה הכוללת את שלוש התבונות, **בה' זו**[33] **עתה** אחרי ירידת כל הפרצופים, **כל שם ס"ג** בשלמות, שהוא יו"ד ה"י וי"ו ה"ה, **שהוא נ"ז כמנין אז"ן**, עם **זה** צ"ל זאת **וה' שירדה בזוטם, הרי** ביחד שם ס"ג שהוא יו"ד ה"י וי"ו ה"י.

הרב ז"ל מוסיף פרטים נוספים על ירידת התבונה השלישית לחוטם, במקום גבוהה זה, שהם האורות היוצאים מא"ק, הרב ז"ל לא מדבר בבחינות של פרצופים, אלא בבחינה יותר דקה ורוחנית של אותיות, כאן הרב ז"ל נכנס לסוגית פנימיות וחיצוניות, והרב ז"ל ממשיל את הסוגיה באותיות. כאן הרב ז"ל מחלק כל אות לחלקים פרטים[34], אשר הם מלבישים אחד את השני.

30

בית לחם יהודה ש"ד פ"ד - עתה ימצא הכל במקום שהיתה מתחלת ראש התבונה. תימה היאך ימצא הכל במקום שהיתה מתחלת ראש התבונה, והלא לא ירד מהתבונה כי אם חציה שהוא רביע הבינה, ואם כך ישאר רביע העליון דבינה למעלה ממקום שהיה מתחיל ראש התבונה, ובאמת כן הוא, דהא מסיק בסמוך כי ל"ג חלקים מהבינה נשארו למעלה במקומם, ולא ירדו במקום התבונה. ואם כן מוכרח לומר שלא בדקדוק כתב שעתה ימצא הכל במקום שהיתה מתחלת ראש התבונה.

31

תרשים ד – ו.

32

בית לחם יהודה ש"ד פ"ד - לפי שעתה בינה ותבונה הכל נמשך במקום הזה. תימה היכי אפשר להיות בינה ותבונה במקום א', והלא הבינה היא בחינת אזן ימין, והתבונה בחינת אזן שמאל, כמבואר בפרק א' דלעיל. ויש לומר כי הבינה והתבונה דשני האזנים, כל אחת מהם נפרטת לבינה ותבונה, ורז"ל קאי בבחינת אזן אחת בלבד, ומנה שמעינן לאזן השנית, גם כן ותדע שכן הוא שהרי בסוף פרק ה' שבסמוך, חשיב רז"ל ג' מיני ס"ג באזן ימין, וג' מיני ס"ג באזן שמאל, יעו"ש והוא ממש כדברינו.

33

לא גורסים **בה' זו**, עיין בשורשי הים.

34

כל אות משם ס"ג מתחלקת למספר חלקים לפי כמות האותיות. לאותיות יו"ד יש כ' חלקים, לאותיות ה"י ט"ו חלקים, לאותיות וא"ו י"ג חלקים, ולאותיות ה"י תתאה ט"ו חלקים.

תרשים ד – ז.

עוד צריך לדעת כי לכל אות, ולכל חלק שבכל אות יש בחינת גוף ובחינת נשמה, ונקראים פנימיות וחיצוניות.

תרשים ד – ח.

19

אמנם נבאר עתה איך מילוי ה"י האחרונה של שם ס"ג הם נ"ז וגם שם ס"ג במספרם. דע כי כשאנו אומרים שה' נתפשטה ונתנה מוחין למטה בזוטם, אינו רק בזוינת זיצוניות שלה רק הכלים דנה"י דתבונה השניה ירדו, שהם בחינת הגוף, ולא בחינת הפנימיות, שהם הנרנח"י של הנה"י, כמבואר אצלינו בסוד עליית התפילות[35] ומה שהרב ז"ל רוצה להוכיח שיש עליה וירידה לחוד לבחינת החיצוניות, ועליה וירידה לחוד לבחינת הפנימיות. והנה נשאר למעלה פנימיות שהיא בחינת הנשמה של האות ה' זו, ורק הגוף של אות ה' ירד לחוטם. וזיצוניות ופנימיות הב' ההי"ן האזרים שביארנו שהם השני ההי"ן שבתבונה השניה. בפרק הקודם הרב ז"ל ביאר כי סוד התבונה הוא ג' ההי"ן ולכל אחד מהם יש חיצוניות ופנימיות, שהם ה"י אזרונה דשם ס"ג, וזשבון ה"י זו היא ג' ההי"ן שהם ה' ה' ה', כאן הרב ז"ל למד פרט נוסף שלכל ה' יש בחינת חיצוניות ופנימיות. והנה זיצוניות ה' ג' ירדה בו"א[36] שהוא החוטם, ונעשה צ"ל ונעשתה פנימיות אליו והיא המוחין שלו. ופנימיות ה' שהיא האות ה' השלישית זו נשארה למעלה

35

כל מצוה ומצוה כלולה ממעשה ודיבור, הנקראים בזהר עובדא ומילולא. המעשה מתקן את בחינת החיצוניות, והדיבור את בחינת הפנימיות.

זהר חדש, פרשת נשא מאמר ברכת כהנים - וידבר ה' כו', כה תברכו. ת"ח, כיון דש"ץ סיים צלותיה, ואתא לברכא ברכתא דכהני, אצטריך ודאי לכוונא ברעותא דלבא, לברכא ליה לעמא קדישא. די **בעובדא ובמילולא,** קשיר קשורא דייחודא. וישתכח דעל ידיה מתברכין עילאין ותתאין.

ע"ח ח"ב ש"מ דרוש ב' - גם אל יקשה בעיניך אם לפעמים שיש זווג בחיצוניות אבא ואימא, או א"א, ועתיק יומין, נכנסים מוחין)דפנים(דז"א, כי דע כי כל מה שהוא למעלה כלים חיצונים כשיורדין למטה ממקומם, נעשים שם כלים פנימיים גמורים, וכן להיפך כשעולין כלים פנימים דלמטה למעלה, אז נתהווה שם לבחינת הכלים דחיצוניות, כנזכר במקום אחר ובכמה מקומות, דעליית התפלות ועליית שבת. **גם תמצא זה בעניין שית סטרין דחיצוניות הבינה, ונקרא גופא דבינה שבהכנסן בז"א, נעשין הם עצמן בשמות ופנימיות לז"א, ולא עוד אלא שחיצוניות נה"י דבינה, נעשה פנימיות לחב"ד דז"א,** וכן על דרך זה מז"א לנוקבא, כי חיצוניות כלים דנה"י דז"א הם כלים פנימיות שבחב"ד דנוקבא, והבן זה היטב. ויתורצו לך מאמרים רבים וקושיות רבות בעניין זה. וכללות העניין דע כי כל בחינת מצות מעשיות וברכותיהם, כמו ציצית, ותפלין, ואכילת מצה, וסוכה, ולולב, וכיוצא בזה, כולן הם בחיצוניות העולמות, אף על פי שיש בהם בחינת מוחין, הם בחיצוניות. וכל מצוה שהוא בדיבור לבד, כמו תפלה, הכל הוא בפנימיות, וזה תמצא בפירוש ברוך שאמר במקומו, ובפירוש כוונת התפלין, ובכוונת נט"י. ונמצא כי ארבע עולמות אבי"ע, וכן בכל ה' פרצופים שבכל עולם מהד', יש בכל אחד מהם חיצוניות ופנימיות, וכל המעשה הוא וברכותיה הכל הוא בחיצוניות, אור פנימי כנגד המעשה, ואור מקיף כנגד הברכה, כמו ג' סעודות דשבת, ואכילת מצה דפסח, וקידוש שבת שעל היין, וציצית, וסוכה, ולולב, ותפילין. אכן כל דבר התלוי בפה לבדו, כגון התפלה, ועסק התורה, הכל תלוי בפנימיות.

פרי עץ חיים, שער ז', קראת שמע וברכותיה, דרוש א' - כבר נודע מהזוהר שמצות צריכות עובדא ומילולא. והנה בתחלת עליית עולם לעולם מד' עולמות אבי"ע, צריך לרמוז ב' דברים הנ"ל, כי בנט"י שהוא התחלה לעלות עולם העשיה, הנה הנטילה עצמה הוא עובדא, והברכה הוא מלולא. וכן בתחלת עליית עולם היצירה שהוא ברוך שאמר, צריך לאחוז ביד ימין רק ציצית ב' שלפניו, וזהו עובדא. וברוך שאמר, הוא מלולא. וכן בתחלת עליית עולם הבריאה שהוא יוצר אור, צריך לאחוז בתפילין, ולמשמש בם בתפילין של יד, וזהו עובדא, אח"כ יוצר אור הוא מלולא. וכן בשאר המצות צריך ג"כ עובדא ומילולא.

36

תרשים ד – ט.

באוזן, **וְנִשְׁאֲרוּ גַם ב' הַהִ"ן אֲזוֹרוֹת, בְּסוֹד זִיצוֹנִיוּת וּפְנִימִיוּת** למעלה באוזן. **וְהִנֵּה זוֹ הַפְּנִימִיוּת שֶׁנִּשְׁאֲרָה מִן ה' זוֹ שֶׁיָּרְדָה** לתת מוחין לז"א, כי החיצוניות שלה התלבשה בז"א, והפנימיות נשארה באוזן **צָרִיךְ**[37] **שֶׁתַּחֲזוֹר לִהְיוֹת זִיצוֹנִיוּת עַל זִיצוֹנִיוּת שֶׁל ב' הַהִ"ן הָעֶלְיוֹנוֹת אֲזוֹרוֹת שֶׁנִּשְׁאֲרוּ** כי לעולם אי אפשר להיות חיצוניות בלי פנימיות, ולא פנימיות בלי חיצוניות[38] לכן הוצרכה הפנימיות של האות ה' השלישית לעלות ולהלביש את ב' ההי"ן שמעליה, כי חיצוניות ה' השלישית ירדה לתת מוחין לז"א, והיא לעולם לא חוזרת[39] להלביש את הפנימיות שלה, לכן צריכה הפנימיות של אות ה'

37

בית לחם יהודה ש"ד פ"ד - צריך שתחזור להיות חיצוניות על חיצוניות של הב' ההי"ן. טעם הצורך הזה לפי שאי אפשר לשום אור בלא חיצון ופנימי, כמבואר בפרק א' דשער מ'.

38

הרי החיצוניות והפנימיות רומזים לגוף ונשמה, ואי אפשר לגוף בלי נשמה, כי הוא לא יוכל לתפקד. ואי אפשר לנשמה בלי גוף, כי לא תוכל להוציא את את פעולותה מהכח לפועל.

ויקרא רבה, פרשה ד' ה' - דבר אל בני ישראל לאמר נפש כי תחטא וגו', תני רבי ישמעאל - משל למלך שהיה לו פרדס, והיה בו בכורות נאות, והושיב בו המלך שומרים, אחד חיגר, ואחד סומא, ואמר להן הזהרו על בכורות הנאות האלו. לימים אמר חיגר לסומא בכורות נאות אני רואה בפרדס, אמר לו סומא הבא ונאכל, אמר לו חיגר וכי יכולני להלך, אמר סומא וכי רואה אני. רכב חיגר על גבי סומא, ואכלו את הבכורות, והלכו וישבו להם איש במקומו. לימים נכנס המלך באותו פרדס, אמר להן היכן הם הבכורות הנאות, אמר לו סומא אדוני המלך וכי רואה אני, אמר לו חיגר אדוני המלך וכי יכול אני להלוך. אותו המלך שהיה פיקח, מה עשה, להן הרכיב חיגר על גבי סומא והתחילו מהלכין, אמר להן כך עשיתך ואכלתם את הבכורות. כך לעתיד לבוא הקב"ה אומר לנפש מפני מה חטאת לפני, אמר לפניו רבון העולמים אני לא חטאתי, הגוף הוא שחטא, משעה שיצאתי ממנו כצפור טהורה פורחת באויר אני, מה חטאתי לפניך. אומר לגוף מפני מה חטאת לפני, אמר לפניו רבון העולמים, אני לא חטאתי, נשמה היא שחטאה, משעה שיצתה ממני כאבן שהושלך על גבי קרקע אני נשלך, שמא חטאתי לפניך. מה הקדוש ברוך הוא עושה להן, מביא נשמה וזורקה בגוף, ודן שניהם כאחד, שנאמר)תהלים נ(יקרא אל השמים מעל וגו', יקרא אל השמים מעל להביא את הנשמה, ואל הארץ להביא את הגוף, לדין עמו.

39

משל לתינוק היונק מהאימא שלו, החלב שהוא מקבל שהוא חיותו, אינו חוזר לאימא, כך גם כאן, כאשר מקבל ז"א מוחין מחיצוניות הנה"י דתבונה, חיצוניות נה"י דתבונה לא חוזר להלביש את פנימיות נה"י דתבונה, אלא פנימיות דנה"י דתבונה עולים ומלבישים את חיצוניות המדרגה שמעלהם

ע"ח שכ"ג פ"א מ"ת דק"י ע"ד - ונדבר עתה באלו של התבונה ונאמר כי יש בה ג' בחינות, אחד הוא נה"י שלה הראשונים, שנתלבשו בז"א להיות לו בסוד מוחין. הב' הוא בחינת חצי ת"ת ונה"י שלה החדשים, שנתפשטו בה מחדש כדי שתהיה שלימה בי"ס גמורות, להזדווג עם אבא כנ"ל. הג' הוא בחינת שאר קומתה שהוא מן מחצית העליון דת"ת שלה עד למעלה עד ראשה. וג' בחינות אלו מכוונות עם ג' בחינות אחרות באופן זה. והענין כי הנה נתבאר להעיל כי בעת לידתו עלו **אלו האורות של הכלים של נה"י דתבונה למעלה בחצי תחתון של הת"ת שלה**, ונתרוקנו אלו הכלים מן האורות שלהם עצמן, ולא נשאר בהם שום חיות כלל ועיקר, בסוד אין כח התורה מתקיימת אלא במי שממית עצמו עליה. ואז בהיותן כלים ריקים, נכנסו לתוכן המוחין דז"א, שהם מן החכמה שבו עד למטה, שהם ט' ספירות, ונתלבשו בט' פרקין שיש של התבונה, ואחר כך נתלבשו כולם תוך ז"א, מחכמה שבו ולמטה, כמ"ש בע"ה. ונמצא כי הכלים והגוף של אלו המוחין, הם בחינת א' שהם **הכלים וגופניות התבונה עצמה**, אבל האורות והרוחניות והנשמה שבהם, הם המוחין של הז"א עצמו, אמנם לפי שכבר נסתלקו אורות שלהם, ונכנסו אורות הז"א במקומם, לכן אלו הנה"י דאמא מתחלפין מטבעם הראשון, ונהפכים להיות **עצם מעצמו ובשר מבשר של הז"א עצמו**, וכגוף עצמו דמיין ממש, ואינן נקראין אלא בשם גופא דז"א ממש.

21

השלישית לעלות ולהלביש את מה שמעליה, שהם ה' ההי"ן, **וְעַתָּה נִגְדְּלַת** פנימיות **הֵ' זוֹ** ונכפלת[40] **שִׁעוּר בֵּ' הֵהִי"ן** ובסוגיא זאת הרב ז"ל לא מסביר בסוגיא זאת איך נעשה הכפל[41], **כְּדֵי לְהַלְבִּישׁ אֵל בֵּ' הֵהִי"ן הָעֶלְיוֹנִים**[42] שהם החיצוניות של ב' ההי"ן העליונים, בתוך פנימיות האות ה' השלישית עם האות הכפולה, **בֵּ' בְּתוֹךְ בֵּ'** כאשר ב' ההי"ן התחתונים הופכים להיות חיצוניות לחיצוניות לב' ההי"ן העליונים, והב' ההי"ן שהם חיצוניות ב' ההי"ן הם פנימים לב' ההי"ן התחתונות **הָעֶלְיוֹנִים הֲרֵי**[43] ארבע ההי"ן שהם בגמטריא **עֶשְׂרִים** מתוך שם ס"ג. **נִשְׁאַר עַתָּה פְּנִימִיּוּת בֵּ' הֵהִי"ן הָעֶלְיוֹנָה הַנַּ"ל** צ"ל העליונות בלי חיצוניות, כי החיצוניות שלהם הפכה להיות פנימיות לפנימיות אות ה' השלישית הכפולה, **וְהֵם**[44] פנימיות ב' ההי"ן העליונות **נַעֲשׂוּ חִיצוֹנִיּוּת לְחִיצוֹנִיּוּת אוֹתִיּוֹת וא"ו** דס"ג **הָעֶלְיוֹנָה** שהיא בינה דתבונה, שהיא פרצוף יותר גבוהה **כַּנַּ"ל, כִּי הַכֹּל הוֹלֵךְ אֵזוֹר הַהִתְאֲזְלָה** כמו שרשרת, **שֶׁכֵּיוָן שֶׁיָּרְדָה תִזָּלָה הַחִיצוֹנִיּוּת דְּאוֹת הֵ'** השלישית, שהיא נה"י דתבונה השניה **בֵּזֵ"א. עַתָּה כָּל הַמַּדְרֵגוֹת צְרִיכִין לֵילֵךְ אֲזוּרָה** כאשר חיצוניות המדרגה העליונה מתלבשת בפנימיות המדרגה התחתונה, וכל זה וגם כדי שלא יהיה מצב

---

⁴⁰

ע"ח ח"ב שכ"ה דרוש ח' די"ג ע"ג - וכבר ידעת דאמא עילאה לא מתפרשת לעלמין מאבא, בסוד ונהר יוצא מעדן להשקות את הגן, תדיר ולא פסיק, ואם יכנסו נה"י שלה תוך ז"א, יתבטלו זווג או"א, כי אחר שהיסוד שלה סתום ברישא דז"א, היאך תוכל להזדווג עם אבא. לכן מה היא עושה חוזרת למציאותה הראשון, ונחלקת לב' חלקים שהם בינה ותבונה. והנה נה"י של אימא עילאה נעשה מהם פרצוף תבונה כולה, ומחצי אמא עילאה נעשה פרצוף אחד עליון ונקרא בינה, ואז באותו בינה עילאה נתקיים קרא, ונהר יוצא מעדן להשקות את הגן, ולא אתפרשו לעלמין, **כי נעשה לה נה"י חדשים מלמעלה מן התבונה.**

⁴¹

ע"ח שכ"א פ"א דק"ב ע"ג - ונבאר עתה ענין התלבשות המוחין דז"א בתוך הכלים נה"י דאמא, שנשארו ריקנים בעת הלידה כנ"ל, כדי שאח"כ יהיו מתפשטין בתוך ז"א, ונבאר תחילה בחינת אמא בעצמה שאי אפשר שתשאר חסירה מבלי נה"י לה לעצמה, כי אם נאמר שנשארת כך באופן זה שיהיה ג"ת שהם נה"י שלה מתפשטין ומתלבשין תוך ז"א תמיד, זה אי אפשר, לפי שבהיותה כך אי אפשר לה להזדווג עם אבא, והרי נודע כי זווג או"א תדיר ולא פסיק לעלמין, ולסיבה זו הוא מוכרח שיתהוו לה נה"י אחרים חדשים לצורך עצמה, בבחינת הכלים. כי האורות שלהם כבר ביארנו שנתעלו בה בעצמה, ולא נתלבשו בז"א, ואז תהיה אמא שלימה בכל י"ס, ותהיה למעלה מז"א כולה, ותוכל להזדווג עם אבא. אמנם ההתחדשות להיות לה נה"י אחרים חדשים הוא באופן זה, כי הנה נת"ל כי בחינת הכלים של נה"י דאמא בלבד, הם אשר נתלבשו בהם בתוכם רוחניות ונשמת המוחין דז"א, ואח"כ נתפשטו הכל ביחד תוך ז"א, כנ"ל. אבל רוחניות ונשמת נה"י דאמא, שהם האורות שבתוכם, לא נשארו שם, אמנם נסתלקו למעלה, ועמדו בחצי ת"ת תחתון של אמא, כנ"ל. **ואז הרוחניות והאורות הם מהוים וממציאין כלים אחרים דנה"י לצורך עצמן**, ואז נשלמת אמא בי"ס גמורות, מלבד הנה"י שנתלבשו תוך ז"א.

⁴²

תרשים ד - י.

⁴³

תרשים ד - י"א.

⁴⁴

בית לחם יהודה ש"ד פ"ד - והם נעשו חיצוניות לחיצוניות אות הוא"ו, היינו שירדו חיצוניות הוא"ו, ונתלבשו בפנימיות הב' ההי"ן, כי החיצוניות הם היורדים למטה, כמש"ל והפנימיות אינם זזים ממקומם.

של כלי בלי אור, או אור בלי כלי **ולעשות התלבשות אזור זזד"ש** כדי לתת מוחין מהמדרגה העליונה למדרגה שמתחת למדרגה הנותנת, **והנה**[45] **זחיצוניות אות וא"ו** של ס"ג, והיא בבינה הראשונה **נעשה פנימיות לפנימיות ב' ההי"ן** שהם התבונה השניה[46], כי החיצוניות של ב' ההי"ן אלו הפכו להיות פנימיות לפנימיות ה' התחתונה הכפולה, **ואם כן** יש בעיה, כי הב' ההי"ן הם גמטריא י', ואותיות וא"ו הם גמטריא י"ג, לכן **צריך שיוגדלו**[47] **הב' ההי"ן** אלו שהם מספרם י', כדי **שיהיו במספר י"ג** כמנין וא"ו, כדי שיוכלו הב' ההי"ן **להלביש אותם** את אותיות וא"ו[48], **הרי י"ג** שהם ב' ההי"ן עם ההגדלה של ג' חלקים, **וי"ג** של חיצוניות אותיות וא"ו, והם ביחד גמטריא **כ"ו**, ועם ה**כ'** חלקים **הראשונים** של ארבע ההי"ן, שהם ב' תוך ב', פנימיות תוך החיצוניות **הרי** סך הכל ביחד גמטריא **מ"ו**[49]. **נשארו עתה פנימיות** אותיות **וא"ו זו מגולה** צ"ל מגולים, כי חיצוניות אותיות וא"ו התלבשו בתוך ב' ההי"ן, כדי להיות נשמה להם, וידוע כי אי אפשר פנימיות בלי חיצוניות, לכן גם פנימיות אותיות וא"ו צריכים להלביש את מה שלמעלה מהם. **והנה**[50] **אף על פי שמן אות ו' ולמעלה** שהם אותיות וא"ו ה"י יו"ד דס"ג דס"ג **נקרא הכל בינה** דתבונה, שהיא התבונה הראשונה **כנ"ל**[51]. **עם כל זה כיון דזחיצוניות** אותיות **וא"ו ירדה** צ"ל ירד **להתלבש** בפנימיות **ב' ההי"ן, שהם של תבונה** השניה, שהם כחב"ד חג"ת דתבונה שניה, מפני שהנה"י שלה הנקראים תבונה שלישית ירדו לז"א, **ובסיבה זו נשארה אות וא"ו**

הגהות וביאורים)ג(– עיין שער או"א פרק ט' ד"ה ונלע"ד.

יוצא שפנימיות ב' ההי"ן הם גוף לאותיות וא"ו, ואותיות וא"ו הם נשמה להם.

הרב ז"ל לא מגלה איך הב' ההי"ן שהם י' הוגדלו להיות י"ג. מסתמא שפע מהמאציל בסוד סליק ברעותיא, כי – ואדם אין לעבוד את האדמה.

תרשים ד – י"ב.

החשבון הוא כך – פנימיות ה' השלישית שהוכפלה, הרי י', חיצוניות ב' ההי"ן שהתלבשו בב' ההי"ן התחתונות, הרי ביחד כ'. פנימיות ב' ההי"ן שהם י' שנגדלו לי"ג, והם הלבישו לחיצוניות אותיות וא"ו, שהם גם י"ג. הכל ביחד מ"ו.

תרשים ד – י"ג.

בית לחם יהודה ש"ד פ"ד - והנה אף על פי שמן אות הוא"ו ולמעלה נקרא הכל בינה כנ"ל. ר"ל כנ"ל, בפרק ג' שכתב דג' אותיות יה"ו הם בט"ס דבינה, ואות ה' אחרונה שהיא מלכות היא תבונה.

אותיות יו"ד ה"י וא"ו הם בבינה דתבונה, ואותיות ה"י בתבונה דתבונה. כאשר אותיות ה"י דתבונה דתבונה מתחלקים לג' ההי"ן, ה' ה' ה'. ב' ההי"ן בחלק העליון שבתבונה דתבונה, ה' התחתונה בנה"י דתבונה, והיא נקראת תבונה שלישית.

ע"ח ש"ד פ"ג די"ט ע"ב - והנה נמצא כי שם ס"ג שכולל בינה ותבונה, הנה אותיות יו"ד ה"י וא"ו הם בבינה, ואות ה"י אחרונה היא בתבונה.

תרשים ד – י"ד.

פְּנִימִיוּת לְבַדָּה מְגוּלָה (נ"א אותיות פְּנִימִיוּת לְבַדָּן מְגוּלִין) ולא יכול להיות מצב של פנימיות בלי חיצוניות, או חיצוניות בלי פנימיות, **לָכֵן עֲדַיִּין** נגררת פנימיות אותיות וא"ו אחרי החיצוניות שלהם, **וְכָל זֶה** אפילו פנימיות אותיות וא"ו **נִקְרָא בְּסוֹד תְּבוּנָה** השניה.

כיון שפנימיות אותיות וא"ו נשארו מגולות[52], לכן צריכות להתקשר לבחינה שהיא למעלה מהם, שהם אותיות י"ה דמילוי ס"ג, וגם להם יש בחינת פנימיות וחיצוניות **וְאָז נַעֲשָׂה פְּנִימִיוּת שֶׁל וָא"ו זוֹ, חִיצוֹנִיּוּת לְמַעְלָה** לבחינה שמעליה, שהם אותיות ה"י הראשונה דס"ג, שהיא חלק מבינה תבונה, כאן הרב ז"ל מכניס עוד פרט חשוב שהוא – פנימיות אותיות וא"ו שנשארו בלי לבוש, מתחלקים בעצמם באופן פרטי לפנימיות וחיצוניות. כלומר פנימיות אותיות וא"ו הם בעצם מתחלקים לפנימי דפנימי, ופנימי דחיצון, **וְיוֹרְדִין[53] ב' חֲלָקִים**[54] שהם חיצוניות ופנימיות **מִן י' חֲלָקִים שֶׁל י' דְּמִלּוּי ה"י רִאשׁוֹנָה שֶׁל בִּינָה** דתבונה, שהיא התבונה הראשונה, **וְיוֹרֵד הַפְּנִימִיוּת וְהַחִיצוֹנִיּוּת (נ"א הַחִיצוֹנִיּוּת)** שֶׁלָּהֶם של ב' החלקים של אות י' ממילוי ה"י הראשונה דס"ג, **וְנַעֲשָׂה פְּנִימִיוּת לִי"ג** חלקים **אֵלּוּ** של פנימיות אותיות וא"ו. **כֵּיצַד, הִנֵּה ג'** חלקים **מִי"ג אֵלּוּ שֶׁל הוָא"ו**, שהם הג'[55] עֶלְיוֹנִים מֵהֶם, עוֹלִים וְנַעֲשׂוּ חִיצוֹנִיּוּת אֶל פְּנִימִיוּת ב' זֻלְקֵי י' הַיּוֹרְדִין לְמַטָּה לְהִתְלַבֵּשׁ בהם. וְיִשְׁאָר הַי' חלקים התחתונים **שֶׁל הוָא"ו**, הִלְבִּישׁוּ לַחִיצוֹנִיּוּת בְּזֻלְקֵי ב' זֻלְקֵי י' זוֹ הַיּוֹרְדִין לְמַטָּה[56]. **כִּי[57]** כך הוא שִׁיעוּר ב' הָעֶלְיוֹנוֹת של אות י' דמילוי ה"י הראשונה דס"ג **כ"ג זֻלְקִים** העליונים **שֶׁל וָא"ו הַפְּנִימִיּוּת**, וְנִשְׁאָר עַתָּה חִיצוֹנִיּוּת הַב' זֻלְקִים שֶׁל י' דמילוי ה"י הראשונה דס"ג, המתלבשים **בִּי' זֻלְקִים** התחתונים **(נ"א עֶלְיוֹנִים כִּי זֻלְקִים) שֶׁל וָא"ו הַפְּנִימִיּים** צ"ל דפנימיות, **וְכָל הַי'** חלקים דפנימיות אותיות וא"ו **נַעֲשׂוּ כֻּלָּם**

---

[52]

תרשים ד – ט"ו.

[53]

תרשים ד – ט"ז.

[54]

בית לחם יהודה ש"ד פ"ד - ויורדים ב' חלקים מן יו"ד חלקים של יו"ד דמלוי ה"י ראשונה של בינה. נמצא שלא נשאר מן הס"ג לבינה כי אם ל"ג חלקים של יו"ד ה"י דס"ג בלבד.

[55]

בית לחם יהודה ש"ד פ"ד - הג' עליונים מהם עולים ונעשו וכו'. נלע"ד כי תיבת עולים נמחק, כי הפנימיות אינו עולה כלל.

[56]

חיצוניות דפנימיות דאותיות וא"ו הלבישו את חיצוניות ב' חלקי אותיות ה"י עילאה התחתונים, ופנימיות דפנימיות אותיות וא"ו הלבישו את פנימיות ב' חלקי אותיות ה"י עילאה התחתונים.
תרשים ד – י"ח.

[57]

בית לחם יהודה ש"ד פ"ד – ה"ג כי כך הוא שיעור ב' העליונות כשלשה חלקים של וא"ו הפנימיות, ונשאר עתה חיצוניות הב' חלקים של יו"ד, בעשרה חלקים של וא"ו הפנימיים, וכו'. ומאי דביני ביני נמחק.

חיצוניות אל חיצוניות **הב' זלקים** התחתונים ה"י הראשונה דס"ג, **הרי**[58]]די"ט ע"ד 38[**הם י"ב** חלקים, שהם פנימיות י' חלקים התחתונים דאותיות ה"י ועם י' שהם עתה חיצוניות לחיצוניות ב' חלקים התחתונים דאותיות ה"י הראשונה דס"ג, עם חיצוניות ב' חלקים התחתונים דאותיות ה"י הראשונה דס"ג, **ועם הב"ו ראשונים** שהם חיצוניות אות וא"ו, שהם י"ג, פנימיות אותיות ב' ההי"ן עם התוספת ג' חלקים, שהם י"ג, ועם אות ה' הפנימית של התבונה השלישית שנכפלה, ושניהם הלבישו את חיצוניות ב' ההי"ן דתבונה שניה, **נעשה** צ"ל נעשו כולם גמטריא נ"זז[59]. **וכל זה הוא מכלל התבונה** השניה כנ"ל, כי כל **הורדת וא"ו הוא לצורך ההי"ן** של התבונה השניה, כדי שב' ההי"ן שבה לא יישארו פנימיות בלי חיצוניות, **לכן גם** י' חלקים התחתונים של בחינת **פנימיות וא"ו, הנעשה חיצוניות אל ב' זלקים** החיצונים של י' דמילוי ה"י הראשונה דס"ג, [לא גורסים **עליונים**] **גם הם יקראו תבונה על דרך הנ"ל** ואפילו שאותיות וא"ו דס"ג הם בינה דתבונה, שהיא התבונה הראשונה, ולא חלק מהתבונה השניה, בגלל שירדו להתלבש בתוך ההי"ן דתבונה שניה, הם נקראים על שמה, **הרי מבואר איך כללות זה הוא** שם נ"זז שהוא יו"ד ה"י וא"ו ה"ה, והוא מספר **במספר אז"ן** הרומז על הבל הבינה והתבונה היוצאים מהאוזן, **ועם ה' תתאה** שירדה לתת מוחין **ושנתלבשה בזוטמא** דא"ק, שהוא רומז לז"א, **הרי** הכל ביחד גמטריא ס"ג[60], **בתבונה** השניה, שהיא תבונה דתבונה **לבדה**[61]. **והטעם שאלו הב' זלקים עליונים של היו"ד** דמילוי דה"י הראשונה דס"ג, **החיצוניות** ר"ל ב' חלקים החיצוניים של האות י' דמילוי ה"י הראשונה דס"ג, **היו פנימים** כלומר התלבשו **אל כל הי' של הוא"ו,** הטעם הוא כי הלא כל מה שהיו שיעורם להלביש בתוכם (צ"ל נ"א לא) **היו רק ב' לבד כמותם** ובאמת היו צריכים רק ב' חלקים של אותיות וא"ו להלביש את ב' החלקים של אות י' דמילוי ה"י הראשונה דס"ג, **ונמצא** שהתלבשו ב' חלקים בתוך י' חלקים, וזה אי אפשר, **שמה שנתוספו הוא זז אזזרים** חלקים דתוספת, כדי להשלים את ב' חלקים לי' חלקים **להשלים למנין י' של הוא"ו הנשארת** צ"ל הנשארים, בלי התלבשות בתוכם[62], **כי**[63] כל דבר עליון הוא גדול

58

בית לחם יהודה ש"ד פ"ד - הרי הם י"ב. הם עשרה חלקים של הוא"ו, עם ב' חלקי חיצוניות היו"ד שבתוכם, ולקמן מפרש נמי לב' חלקי הפנימים של היו"ד, שנתלבשו בג' חלקים העליונים של הוא"ו.

59

תרשים ד – י"ט.

60

התבונה השניה שהיתה בתחילת הדרוש אותיות ה"י דס"ג, שהם ג' ההי"ן, כאשר אות ה' התחתונה ירדה לז"א, הפכה להיות נ"ח, נבנתה בחזרה להיות נ"ח, ועם ה' תתאה הפכה להיות ס"ג שלם.

תרשים ד – כ.

61

תרשים ד –כ"א.

62

תרשים ד – כ"ב.

63

באיכות ככל מה שלמטה ממנו. והנה מה שנתגדל בתוספת שלמטה ממנו, היה זז' זזלקים, לכן גם היו"ד (צ"ל נ"א ה"יא) הוסיפה (לא גורסים נ"א הם הוסיפו) כמו כולם יזוד זז' זזלקים של תוספת, שהנה למטה פנימיות ה' תתאה שהחיצוניות שלה ירדה לחוטם ונכפלה גדלה ונעשה צ"ל ונעשתה ב' ההי"ן, הרי תוספת ה'. ואז"כ פנימיות ב' ההי"ן עלו והלבישו על חיצוניות אותיות וא"ו, וגדלו בעוד ג' חלקים ונעשו י"ג חלקים, כמו מילוי הו' צ"ל הוא"ו דס"ג הרי שגדלו ה' ההי"ן בעוד ג' זזלקים.

וה' ראשונים מהכפלת פנימיות ה' התחתונה, שהיא נה"י דתבונה השניה, הנקראת תבונה שלישית, שהחיצוניות שלה ירדה לתת מוחין לז"א הרי היחד זז' חלקים. וכנגדם היה כזז' בב' חלקי י' דמילוי ה"י הראשונה דס"ג בכאן בי' החלקים הפנימיים דוא"ו. ואל תקשה להוסיף זז' אזורים. על מה שכתב הרב ז"ל כי העליונים נגדלים לפי התוספת וההגדלה של התחתונים למה גם הוא"ו שהיא למעלה מן ב' ההי"ן, למה לא הגדילה והוסיפה בב' ההי"ן ה' זזלקים אזורים של תוספת, ורק גדלה בג' חלקים, כמו שהגדילו הב' ההי"ן בה' תתאה בחמשה חלקים של תוספת, כי התשובה מבוארת כי ודאי יכלו להוסיף יותר חלקים ולגדול יותר, כי לא היה צורך לפנימיות של ב' ההי"ן לגדול אלא רק אלו הג' חלקים לבד, כדי שייעשו י"ג חלקים, כדי להלביש את אותיות וא"ו, כמנין וא"ו, ולא הוצרכו להגדיל יותר. ואולם אלו הזז' זזלקים עליונים שהם בחינת התוספת הם סוד אותיות א"ז, מאז"י. והענין כי הנה ב' זזלקים

בית לחם יהודה ש"ד פ"ד - כי כל דבר עליון הוא גדול ככל מה שלמטה ממנו. וליכא לאקשויי ממאי דמצינו שגם התחתון הוא גדול ככל מה שלמעלה ממנו, שהרי גם ה' האחרונה שהיא למטה גדלה כשיעור ב' ההי"ן העליונים ממנה, וכן ב' ההי"ן שלמטה גדלה כשיעור הוא"ו העליון מהם. ואותו גידול אינו מצד עצמם, אלא מכח העליונים מהם, שהם נתנו בהם כח להגדיל, כדדייק לשון רז"ל ממה שאמר, ואל תקשה וכו', למה לא הגדיל והוסיף הוא"ו בב' ההי"ן ה' חלקים אחרים, כמו שהגדילו הב' ההי"ן בה' תתאה וכו', מבואר מזה כי העליונים הם המגדלים בתחתונים.
64

בית לחם יהודה ש"ד פ"ד - לכן גם הוא"ו)יש כאן טעות סופר, וצ"ל לכן גם היו"ד(הוסיפה כמו כולם. טעות סופר וצ"ל לכן גם היא הוסיפה וכו' והכוונה היא על ב' חלקי החיצוניות של היו"ד.
65

שורש ח' חלקים אלו של ה' תתאה שהוכפלה, וג' חלקים שנוספו לפנימיות ב' ההי"ן שהלבישו את חיצוניות אותיות וא"ו דס"ג הם **בתוספת** של פנימיות ב' חלקי י' דמילוי ה"י דס"ג שהתלבשו בי' חלקי פנימיות וא"ו.
תרשים ד – כ"ג.
66

הקושיא שיכולה לעלות למעיין היא, הרב ז"ל כתב שפנימיות האות ה' התחתונה הוכפלה כדי להלביש את חיצוניות ב' ההי"ן דתבונה שניה שמעליה, למה פנימיות הב' ההי"ן לא הכפילו את עצמם, או לפחות אחת מהאותיות ה' הכפילה את עצמה, כדי להלביש את אותיות וא"ו, ולמה הוצרכו הב' ההי"ן רק לגדול בג' חלקים. התשובה היא פשוטה – אין צורך לגדול יותר ממה שצריך, לכן גדלו ב' ההי"ן רק בג' חלקים, ולא יותר.
67

תרשים ד – כ"ד.
68

עֶלְיוֹנִים שֶׁל פנימיות י' חלקים דוא"ו, הַמַּלְבִּישִׁים לַב' חֶלְקֵי יו"ד דמילוי ה"י הראשונה דס"ג החיצונים, כי פנימיות ב' חלקי היו"ד דמילוי ה"י הראשונה דס"ג מלבישים פנימיות ג' החלקים העליונים דוא"ו דס"ג, הִנֵּה הֵם ב' החלקים העליונים הפנימיים דוא"ו כְּנֶגֶד ב' חלקים תחתונים החיצונים די' דמילוי ה"י הראשונה דס"ג, אַךְ הַתּוֹסֶפֶת הֵם הַז' חלקים לב' חלקים החיצונים של י', וְהִנֵּה אֵלּוּ הַב' חלקים של יו"ד כַּאֲשֶׁר תַּמְשִׁיךְ אוֹרָם בּוֹז' החלקים אֵלּוּ, הִנֵּה הַזֶּלֶק הָעֶלְיוֹן של ב' חלקי היו"ד מַמְשִׁיךְ אורו עַד החלק הַז' של התוספת, וְהַזֶּלֶק הַב' של ב' חלקי היו"ד מַמְשִׁיךְ אורו עַד החלק הַזֶּה[69] של התוספת, כִּי לִהְיוֹתוֹ בחלק הב' של היו"ד לְמַטָּה מִן החלק הָרִאשׁוֹן, יֵשׁ לוֹ כֹּחַ עוֹד לְהַמְשִׁיךְ זֶלֶק אֶזוֹז יוֹתֵר מִמַּה שֶׁמִּתְפַּשֵּׁט החלק הָעֶלְיוֹן. נִמְצָא כִּי ז' זֶלְקִים הָרִאשׁוֹנִים שֶׁל הַתּוֹסֶפֶת הֵם כְּלוּלִים מֵאוֹר (לא גורסים רִאשׁוֹן שֶׁל כ"ג) ב' זֶלְקִים הָעֶלְיוֹנִים כי גם אור החלק הראשון של יו"ד, וגם אור החלק השני של היו"ד מאיר בהם, אַךְ זֶלֶק הַזֶּה של התוספת אֵינוֹ נִמְשָׁךְ רַק מִן זֶלֶק הַב' של היו"ד הַמִּתְפַּשֵּׁט עַד שָׁם. לָכֵן[70] אֵלּוּ הַזֶּה נִזְלְקִים לַב' זֶלְקִים של התוספת, שֶׁהֵם חלק אחד למטה, ושבע למעלה וְהֵם אותיות א"ז מֵאֹזֶ"ן, וְהֵם מִמַּטָּה לְמַעְלָה כאשר אות א' הכי תחתונה, ומעליה אות ז', ומעליה אות ן', כִּי א' פְּזוּזָתָהּ מִן הֹז' הכמות, וְכֵן הֹז' פחותה מִן הַנּוּ"ן. בָּעֵרֶךְ (לא גורסים נ"א בֶּבֱזִינַת) אֶזוֹר כְּמוֹ שֶׁנִּתְבָּאֵר בהמשך הפרק, ובפרק הבא, כִּי הָאוֹת הַנּוּ"ן ר"ל האות נ' של האזן הוּא עִיקָר, (עַיֵּין תְּזֶלֶת פֶּרֶק הַבָּא) שֶׁהֵם[71] פעמים כ"ה כ"ה דְיִזוּזְדָא דִשְׁמַע יִשְׂרָאֵל כי בפסוק שמע ישראל יש כ"ה אותיות, ובברוך שם כבוד...יש כ"ה אותיות[72] וביחד הם כ"ה אותיות, והם סוד אות נ' דאזן.

בֵּית לֶחֶם יְהוּדָה שׁ"ד פ"ד - והענין כי הנה שני חלקים עליונים של הוא"ו. פירוש שהם שני חלקים העליונים מעשרה חלקים הנשארים מן הוא"ו.
69

תרשים ד – כ"ה.
70

בֵּית לֶחֶם יְהוּדָה שׁ"ד פ"ד - לכן אלו הח' נחלקים לשני חלקים והם **אז** מאזן. פירוש אלו הח' חלקים של הוא"ו, הם נחלקים לב' חלקים. ולא קאי על ח' חלקי חיצוניות היו"ד, כי אין ח' חלקי היו"ד מכללות חשבון האזן, כמו שכתוב להלן בסוף דיבור כי כל דבר וכו'.
71

בֵּית לֶחֶם יְהוּדָה שׁ"ד פ"ד - שהם כ"ה וכ"ה דיחודא דשמע ישראל. נ"ב מבואר בתחלת פרק הסמוך.
72

יש קשר בין שמע ישראל לבחינת האוזן, כי קריאת שמע של שחרית וערבית היא בהיכלות הבריאה, שהיא בחינת הבינה. עוד ראינו כי הרב ז"ל כתב בפרק ג' שבשער הזה כי שמיעה גמטריא תכ"ה, שהוא שם קדוש שמשה הרג בו את המצרי, ומשה הרג את המצרי במקום שכתוב בו – ויפן כ"ה וכ"ה, שהיא קראת שמע. וכמו שמביא הבל"י, וכן בפרק ה' דשער זה.

גמרא ברכות דט"ו ע"א - מאי טעמא דרבי יוסי, משום דכתיב שמע, השמע לאזנך מה שאתה מוציא מפיך.

זהר שמות די"ד ע"ב - עם תרגום והסבר . **ויפן כה וכה . חמא באלין נ' אתוון** ראה באותן חמישים אותיות, דמיחדין ליה ישראל **בכל יומא** שמיחדים אותו ישראל בכל יום, **שמע ישראל פעמים**, פעם בערבית, ופעם בשחרית, **דאית בהון כ"ה** אותיות בפסוק שמע ישראל **וכ"ה** אותיות בברוך שם כבוד מלכותו לעולם ועד,

וְהִנֵּה[73] כְּבָר כָּתַבְנוּ אֵיךְ כָּל זֶה הוּא מִכְּלַל הַתְּבוּנָה השניה, וְלָכֵן צָרִיךְ שֶׁיִּמָּצֵא בָּהּ עַתָּה בתבונה השניה סוֹד שֵׁם ס"ג מלא, שֶׁהוּא כל הפרטים של האותיות שהלבישו אחד את השני, והם בגמטריא נ"זז, עִם הֵ' הָאַחֲרוֹנָה שהיא חיצוניות הבינה השלישית, שירדה להתלבש בתוך ז"א, הכל ביחד גמטריא ס"ג. אָמְנָם ג' עֶלְיוֹנִים שֶׁל וא"ו מֵהַפְּנִימִיּוּת שֶׁלּוֹ, אֲשֶׁר נַעֲשׂוּ וְחִיצוֹנִיּוּת אֶל הַפְּנִימִיּוּת בּ' זְלָקִים התחתונים של אות י' דמילוי ה"י הראשונה דס"ג שֶׁיָּרְדוּ לְמַטָּה להתלבש בּג' החלקים העליונים הפנימיים שֶׁל הוּא"ו כנ"ל, אֵינָם מִכְּלַל הַתְּבוּנָה השניה, כֵּיוָן שֶׁשָּׁרְשָׁם מִן וא"ו שֶׁאֵינָהּ מִן הַתְּבוּנָה השניה, כי שורשם הם מהבינה, שהיא התבונה הראשונה[74]. וְגַם נִכְנְסוּ בְּיוּ"ד דְּמִלּוּי ה"י דְּבִינָה עַצְמָהּ שהיא התבונה הראשונה, וְלָכֵן אֵינוֹ מִצְטָרֵף עִם הַס"ג של התבונה השניה, וכאשר התבונה השניה שמספרה נ"ח מתחברת עם אות ה' ירדה להתלבש בז"א, יֵשׁ ס"ג ת"ל והיא, כִּי עִם כָּל זֶה יֵשׁ בְּזוּינָה אֲזוּרַת וְהוּא, כִּי עִם כָּל זֶה לִמְּדוּנוּ כִּי חִיצוֹנִיּוּת שֶׁל וא"ו זו ירדה וְנִתְלַבְּשָׁה בב' הה"ין הפנימיים שֶׁל הַתְּבוּנָה השניה כנ"ל, לָכֵן הֵם עֲדַיִן בִּכְלַל הַתְּבוּנָה השניה בַּבְּזוּינָה אֲזוֹת, וְהוּא כִּי ג' זְלָקִים הפנימיים של אותיות וא"ו האֵלּוּ, הַנַּעֲשָׂה וְחִיצוֹנִיּוּת לַפְּנִימִיּוּת בּ' זְלָקֵי הָעֶלְיוֹנִים שֶׁל הֵ' דמילוי ה"י הראשונה דשם ס"ג, הִנֵּה הֵם ביחד בְּמִסְפַּר הֵ' זְלָקִים,

---

וסך האותיות בכל קריאת שמע שהם נ' אותיות, **תרי זמני** ואת השמע ישראל אומרים פעמים בכל יום, פעם בערב, ופעם בבוקר.

ש"ד פ"ג די"ט ע"א - הנה כבר בארנו כי הנשמה מן האזן שהיא בינה. והנה שמיעה גימטריא **תכ"ה** ר"ת כ"ל הנשמ"ה תהל"ל יה, כי מן האזן סוד הנשמה.

73

בית לחם יהודה ש"ד פ"ד - והנה כבר כתבנו איך כל זה הוא מכלל התבונה. ראיתי בכתב יד ח"ר אליהו מני זלה"ה, שכתב יקשה אם כן למה לא מנה גם ב' חלקי הפנימים של היו"ד, וג' חלקי הוא"ו, מכלל התבונה, ואילו לפי שהב' שהב' ההי"ן חשבונם עשרה, ועשרה חלקי הוא"ו החיצונים הם מוכרחים לירד ולהתלבש בההי"ן, משום הכי כי גם עשרה הפנימים דוא"ו הם מכללות התבונה. מה שאין כן ג' חלקי הוא"ו העליונים, שאין בהם צורך לההי"ן, אף על גב שירדו חיצוניותם למטה ונתלבשו בההי"ן, ונחשבים עמהם, מכל מקום פנימיות ג' חלקי הוא"ו שלא ירדו, ולא יש בהם צורך לההי"ן, משום הכי כי אינם נחשבים מכלל התבונה, ויש להם בחינה ממוצעת, כנזכר בסוף הפרק. כיון דמכל מקום חיצוניות ג' חלקיהם ירדו בההי"ן, עד כאן לשונו.

74

לפני התלבשות חיצוניות ה' התחתונה, שהיא נה"י דתבונה שניה, הנקראת תבונה שלישית תוך ז"א, גם פנימיות וחיצוניות אותיות וא"ו דס"ג עם אותיות יו"ד וה"י דס"ג, היו בבינה, שהיא התבונה הראשונה, אחר התלבשות ה' התחתונה בז"א, כל חיצוניות של האותיות העליונות התלבשו בפנימיות האותיות שמתחת להם, והפכו חלק מהפרצוף התחתון. כך גם חיצוניות כל י"ג החלקים של אותיות וא"ו התלבשו תוך פנימיות ב' ההי"ן שהם התבונה השניה, והפכו להיות חלק מהתבונה השניה. ופנימיות האותיות וא"ו שהם י"ג חלקים הלבישו על ב' החלקים התחתונים של ה"י הראשונה דס"ג, כאשר ג' חלקים עליונים של פנימיות אותיות וא"ו הלבישו את **פנימיות** ב' החלקים התחתונים דמלוי ה"י, וי' חלקים התחתונים של פנימיות אותיות וא"ו הלבישו את חיצוניות ב' החלקים החיצונים של מילוי ה"י דס"ג. מכל זה יוצא כי פנימיות ג' חלקים העליונים דוא"ו, עם ב' החלקים התחתונים דפנימיות אותיות ה"י, לא ירדו לתבונה השניה ונשארו בתבונה הראשונה.

תרשים ד – כ"ו.

וְהֵם סוד ה' אזורת[75], דוגמת ה' תתאה המתלבשׁ צ"ל המתלבשת **בֹז"א** שהוא בסוגיה זאת החותם, **וה' זו** שהיא בנויה מג' החלקים העליונים הפנימיים דאותיות וא"ו, עם פנימיות ב' חלקים תחתונים די' דמילוי ה"י הראשונה דס"ג **אֵינָה לֹא מֵבִינָה** שהיא התבונה הראשונה **וְלֹא מֵתבֹונֹה** השניה, **וְנשׁאֵרֵת בסוד מקיף אל כל התבונה** השניה, שהם בגמטריא נ"זז, אות **וה' תתאה**, מכולם הרי גמטריא ס"ג, **וְהרי עתה הֵם ה' לעֵילא** שהיא המקיף של התבונה השניה, **וה' לתתא** שהיא התלבשה התוך ז"א, ונ"זז **באמצֹעֵיתא** שהיא התבונה השניה. **ואם תֵזֹבר נ"זז** שהיא הבינה השניה **עם ה' תתאה** שהיא הבינה השלישית, שירדה להתלבש בז"א, **יֹהֵיֹה** ביחד גמטריא ס"ג, **וכֵן אם תזֹבר ה' עילאה** שהיא בתבונה הראשונה **עם נ"זז** שהיא התבונה השניה, **יֹהֵיו גם כֵן** ביחד גמטריא ס"ג, **וזֵה סוד** הפסוק[76] **אֵלה תולדות נ"זז נ"זז. ודרשׁו רז"ל** בספר הזהר[78] - **נֵיֵזֹזֹא בעֵלאֵין** נח בעליונים, **נֵיֵזֹזֹא בֵתתאֵין** נח בתחתונים. **והוא מה** שׁכתבנו בענין זה, כי בהֵתֹזֹברות נ"זז שהיא התבונה השניה **לֹמֹעֵלה בֹה' עֵלאה** והיא חלק מהתבונה הראשונה, **יֹהֵיֹה ס"ג** והוא סוד נייחא בעילאין, **והתחברות נ"ח**, שהיא התבונה השניה, **בֹה' תתאה** שהיא התבונה השלישית, יהיה ס"ג, והוא סוד נייחא בתתאין, **והכֹלל בֹעֵצֹמֹו שׁורשׁ** ס"ג הכללי, **הֵרי גֹ' מֵינֹי ס"ג** שהם הס"ג הכללי, הס"ג שהוא נ"ח עם אות ה' התחתונה, והס"ג שהוא נ"ח עם אות ה' העליונה, **ובֹפֵרֵק בֹתֹרא** האחרון של השער הזה, שהוא פרק ה' **נֹבֹאר עֵנֵיֵנֹים** של הג' שמות ס"ג.

<hr>

75

תרשים ד – כ"ז.

76

תרשים ד – כ"ח.

77

בראשית ו' ט' – אלה תולדת נח, נח איש צדיק תמים היה בדרתיו, את האלהי"ם התהלך נח.

78

זהר נח דנ"ח ע"ב עם תרגום והסבר – **נח, נייחא ליה נייחא לעלמא** נח לו ונח לעולם, **נייחא לאבהן נייחא לבנין** נח לאבות ונח לבנים, **נייחא לעלאין** נח לעליונים, שהם חיבור התבונה השניה הנקראת נ"ח עם ה' עילאה שהיא המקיף לתבונה השניה, והיא בתבונה הראשונה, והכל ביחד שם ס"ג, **נייחא לתתאין** נח לתחתונים, שהיא התבונה השניה הנקראת נ"ח, המתחברת עם ה' התחתונה, שהיא התבונה השלישית, אשר התלבשה בז"א, ביחד הם שם ס"ג, **ביחא לעלמא דין** נח בעולם הזה, **נייחא לעלמא דאתי** ונח בעולם הבא.

עֵץ חַיִּים

לרַבֵּינוּ חַיִּים וִיטַאל

שֶׁקִּיבֵּל מִמָרָן הָאֲרִ"י זלה"ה

שַׁעַר ד'

שַׁעַר אזז"פ

פֶּרֶק ד'

חֵלֶק הַתַּרְשִׁימִים טַבְלָאוֹת וְצִיּוּרִים

שִׁמְחַת חַיִּים

הקדמה קצרה

דע כי כל התרשימים הציורים והטבלאות, הם אך ורק לשכך את האוזן, ולשבר את העין. וכל הציורים הם לא שלמים.

כתב הרי"ח הטוב ברב פעלים ח"ב בסוד ישרים ה' - אך דע לך כי סדר התלבשות המחצבים שכתב מהרח"ו בשערי קדושה עד עולם הזה שאנחנו עומדים בו. וכן סדר התלבשות הפרצופים אשר בכל מחצב ומחצב, וסדר התלבשות העולמות זה בזה, והיושר והעיגולים, לא אית אינש דכיל למנלע רזא דנא, איך היא עשוי, איך הוא עומד, ולא אפשר לשכל אנושי לצייר כל הנזכר על אמתיתם, ועל בוריין מפני כי שכל האנושי בהיותו עצור ומונח בגוף גשמיי, אי אפשר לי להשיג דבר רוחני, והוא זה דומה לאדם סומא מן הבטן שלא ראה מאורות מימיו, דודאי אי אפשר לו לצייר מראות השמש והירח הנראין לעיני הבריות, וכל שכן מה שיש למעלה למעלה.

וכן כתב ברב פעלים ח"א בסוד ישרים א' - סוף דבר הכל נשמע, ה' אחד ושמו אחד, ואין לו גוף ולא דמות הגוף, ואין לו שום ציור, ותמונה ודמיון כלל ועיקר, וגם כל העולמות וספירות הקדושים למעלה אין להם ציור ודמיון של גופים האלה כלל, ואין מי שיוכל לידע איך הוא עמידתם וסדרם, איך עומדים עולמות היושר ועולמות העיגולים, ואיך מתחברים זה עם זה, ואיך נמשך השפע מזה לזה, ואיך הוא תוארם ומראיהם, ואיך הוא מהות השפע המחיה אותם, ומקיים אותם, וכמה הוא שיעור אורכם וגובהן ורחבם, ואיך הם נכללים זה בזה, ומלבישים זה לזה, כי בכל זאת אין שום שכל אנושי יוכל לדעת, ולהבין, ולהשיג, כלל ועיקר.

הרב ז"ל כתב בשער אח"פ תחילת פ"א וז"ל - כבר ידעת כי אין בנו כח לעסוק קודם אצילות עשר ספירות, ולא לדמות שום דמיון וצורה כלל ח"ו, אך לשכך האזן, אנו צריכים לדבר דרך משל ודמיון, לכן אף אם נדבר במציאות ציור שם למעלה, אין הדבר רק לשכך האזן. אמנם דע כי עשר ספירות דאצילות הם שתי עניינים. האחד הוא התפשטות הרוחניות, והשני הוא כלים ואברים אשר העצמות מתפשט בהם. והנה צריך שיהיה לכל זה שורש למעלה לשתי בחינות אלו, ולכן צריכין אנו לדבר בסדר המדרגות מראש עד סוף, והנה נתחיל ונאמר כי הלא הא"ס ב"ה אין בו שום ציור כלל ח"ו כמבואר.

הרב ז"ל כתב בשער טנת"א פ"א - והנה אף על פי שאנו מכנים וקוראים כאן כנויים אלו כגון אדם ראש אזנים וכיוצא אינו רק לשכך האזן לשיובנו הדברים לכן אנו מכנים כנויים אלו במקום גבוה, עד כאן לשונו.

וכן הרמ"ק בפרדס רימונים ש"ו פ"א - וציירו להם המקובלים צורות ביריעות גדולות וקראום אילן. הרב ז"ל כתב בסוף ש"ה פ"ד וז"ל - ואמנם דבר גלוי הוא כי אין למעלה גוף ולא כח גוף חלילה. וכל הדמיונות והציורים אלו לא מפני שהם כך חס ושלום. אמנם לשכך את האוזן לכשיוכל האדם להבין הדברים העליונים הרוחניים בלתי נתפסים ונרשמים בשכל האנושי, לכן ניתן רשות לדבר בבחינת ציורים ודמיונים, כאשר הוא פשוט בכל ספרי הזוהר. וגם בפסוקי התורה עצמה כולם כאחד עונים ואומרים בדבר הזה כמו שאמר הכתוב עיני ה' המה משוטטים בכל הארץ. עיני ה' אל צדיקים. וישמע ה'. וירח ה'. וידבר ה'. וכאלה רבות וגדולה מכולם מה שאמר הכתוב ויברא אלהים את האדם בצלמו בצלם אלהים ברא אותו זכר ונקבה וגו'. ואם התורה עצמה דברה כך גם אנחנו נוכל לדבר כלשון הזה, עם היות שפשוטו הוא שאין שם למעלה אלא אורות דקים, בתכלית הרוחניות, בלתי נתפשים שם כלל, וכמו שאמר הכתוב כי לא ראיתם כל תמונה, וכאלה רבות.

ואמנם יש עוד דרך אחרת כדי להמשיך ולצייר בה הדברים העליונים, והם בחינת כתיבת צורת אותיות, כי כל אות ואות מורה על אור פרטי עליון, וגם תמונת זו דבר פשוט הוא כי אין למעלה לא אות, ולא נקודה, וגם זה דרך משל וציור לשכך את האוזן כנזכר. ולכן נבאר עתה הקדמה הנזכר על דרך ציור האותיות גם כן ובבחינת ציורים אלו, הן ציור האדם, והן ציור אותיות, שתיהן מוכרחים להבין ענין האורות העליונים, כאשר תראה ספרי הזוהר בנויים על שתי בחינות הציורים האלה, עד כאן לא.

ולכן גם אנחנו הרשינו לעצמינו לצייר ציורים, תרשימים וטבלאות, אך ורק כדי לשכך את האוזן, ולשבר את העין, כדי להבין את הסוגייה.

אח"י

תרשימים שער ד' פרק ד'

סדר שמות שמות ההיכלות והשערים בעץ חיים

שם היכל	שער	שם השער	פרקים														
אדם קדמון	א	עיגולים ויושר	א	ב	ג	ד	ה										
	ב	השתלשלות י"ס דרך עגו'	א	ב	ג												
	ג	סדר אצילות למהרח"ו	א	ב	ג												
	ד	אח"פ	א	ב	ג	ד	ה										
	ה	טנת"א	א	ב	ג	ד	ה	ו	ז								
	ו	עקודים	א	ב	ג	ד	ה	ו	ז	ח							
	ז	מטי ולא מטי	א	ב	ג	ד	ה										
נקודים	ח	דרושי נקודות	א	ב	ג	ד	ה	ו									
	ט	שבירת הכלים	א	ב	ג	ד	ה	ו	ז	ח							
	י	תיקון	א	ב	ג	ד	ה										
	יא	מלכים	א	ב	ג	ד	ה	ו	ז	ח	ט	י					
הכתרים	יב	עתיק	א	ב	ג	ד	ה										
	יג	א"א	א	ב	ג	ד	ה	ו	ז	ח	ט	י	יא	יב	יג	יד	
או"א	יד	או"א	א	ב	ג	ד	ה	ו	ז	ח	ט	י					
	טו	זווגים	א	ב	ג	ד											
	טז	הולדת או"א וזו"ן	א	ב	ג	ד	ה	ו	ז								
ז"א	יז	ז"א	א	ב	ג	ד											
	יח	רפ"ח נצוצין	א	ב	ג	ד	ה	ו									
	יט	אנ"ך	א	ב	ג	ד	ה	ו	ז	ח	ט	י					
	כ	המוחין	א	ב	ג	ד	ה	ו	ז	ח	ט	י	יא	יב			
	כא	לידת המוחין	א	ב	ג												
	כב	מוחין דקטנות	א	ב	ג												
	כג	מוחין דצלם	א	ב	ג	ד	ה	ו	ז	ח							
	כד	פרקי הצלם	א	ב	ג	ד	ה	ו	ז								
	כה	דרושי הצלם	א	ב	ג	ד	ה	ו	ז	ח							
	כו	צלם	א	ב	ג	ד											
	כז	פרטי עי"מ	א	ב	ג	ד											
	כח	עיבורים	א	ב	ג	ד	ה										
	כט	נסירה	א	ב	ג	ד	ה	ו	ז	ח	ט						
	ל	פרצופים	א	ב	ג	ד	ה	ו	ז								
	לא	פרצופי זו"ן	א	ב	ג	ד	ה										
	לב	הארת המוחין	א	ב	ג	ד	ה	ו	ז	ח	ט						
	לג	אונאה	א	ב	ג	ד	ה										
נוק' דז"א	לד	תיקון הנוקבא	א	ב	ג	ד	ה	ו	ז								
	לה	הירח	א	ב	ג	ד	ה										
	לו	מיעוט הירח	א	ב	ג	ד											
	לז	יעקב ולאה	א	ב	ג	ד	ה										
	לח	לאה ורחל	א	ב	ג	ד	ה	ו	ז	ח	ט						
	לט	מ"ן ומ"ד	א	ב	ג	ד	ה	ו	ז	ח	ט	י	יא	יב	יג	יד	טו
	מ	פנימיות וחצוניות	א	ב	ג	ד	ה	ו	ז	ח	ט	י	יא	יב	יג	יד	טו
	מא	חשמל	א	ב	ג												
אבי"ע	מב-א	דרושי אבי"ע	א	ב	ג	ד	ה	ו	ז	ח	ט	י	יא	יב			
	מב-ב	כללות אבי"ע	א	ב	ג	ד											
	מג	ציור עולמות אבי"ע	א	ב	ג	ד											
	מד	שמות	א	ב	ג	ד	ה	ו	ז								
	מה	מקיפין	א	ב	ג	ד											
	מו	כסא הכבוד	א	ב	ג	ד	ה	ו									
	מז	סדר אבי"ע	א	ב	ג	ד	ה	ו									
	מח	קליפות	א	ב	ג	ד											
	מט	קליפת נוגה	א	ב	ג	ד	ה	ו	ז	ח	ט						
	נ	קיצור אבי"ע	א	ב	ג	ד	ה	ו	ז	ח	ט	י					

<u>טבלת ערכים</u>

עשיה	יצירה	בריאה	אצילות	אדם קדמון	עולמות
נוקבא	ז"א	אמא	אבא	ע"י וא"א	פרצופים
מלכות	חג"ת בה"י	בינה	חכמה	כתר	ספירות
ה	ו	ה	י	קוץ של י'	הוי"ה
נפש	רוח	נשמה	חיה	יחידה	אורות
ב"ן - יוד הה ור הה	מ"ה - יוד הא ואו הא	ס"ג - יוד הי ואו הי	ע"ב - יוד הי ויו הי	שורש הוי"ה	מילוי
אותיות	תגין	נקודות	טעמים	שורשים	טנת"א
אין ביקוד	סגול, שוה, חולם חיריק, קבוץ, שורוק	צרי	פתח	קמץ	נקודות
עטרת היסוד	גוף וברית	מוח שמאל	מוח ימין	גולגולתא	אדם
כבד	לב	מוח	ל - מקיף, חיה	מ - מקיף, יחידה	מל"צ
היכל	לבוש	גוף	נשמה	שורש	שנגל"ה
יעו"ר	זו"ן	ישסו"ת	או"א עלאין	עו"ן או"ן	י"ב פרצופים
כלים	לבושים	צלמים	מוחין	אורות	כל צמא
עור	בשר	גידין	עצמות	מוח	אברים
דיבור	ריח	שמיעה	ראיה	מוח	חושים
חושך	מלאכים	נשמות	ספירות	א"ס	מחצבים
צ' כבד	צ' לב	צ' מוח	ל' מקיף א'	מ' מקיף ב'	צלם
דומם	צומח	חי	מדבר	אלוקות	דחצ"מ
עפר	רוח	אש	מים	יולי	יסודות
וילון	מכון, מעון, זבול שחקים, רקיע	ערבות	ערבות	ערבות	רקיעים
לבנה	ככבים	מזלות	גלגל היומי	גלגל השכל	גלגלים
לבנת הספיר	אהבה, זכות, רצון, עצם השמים, לבנת הספיר	קודש קודשים	קודש קודשים	קודש קודשים	היכלות
כו - וד ה וה	יט - וד א או א	לז - וד י או י	מו - וד י ויו י		מילוי הוי"ה
קנ"א - אלף הה יוד הה	קמ"ג - אלף הא יוד הא	קס"א - אלף הי יוד הי	קס"א - אלף הי יוד הי		אהי"ה

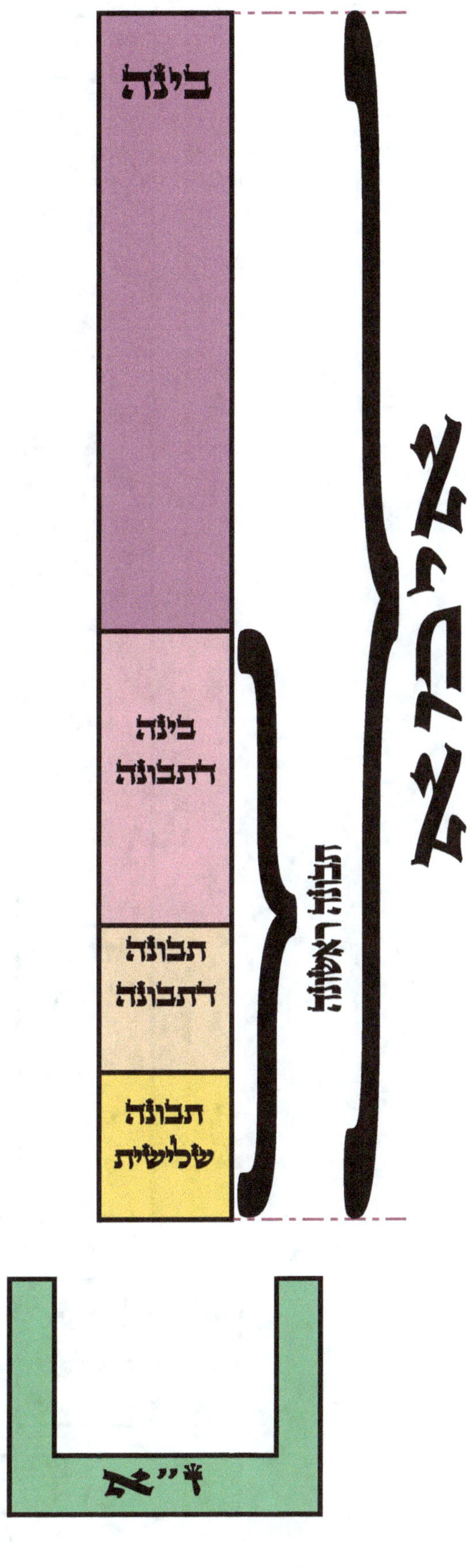
בינה
בינה דתבונה
תבונה דתבונה
תבונה שלישית
אבא
א"י

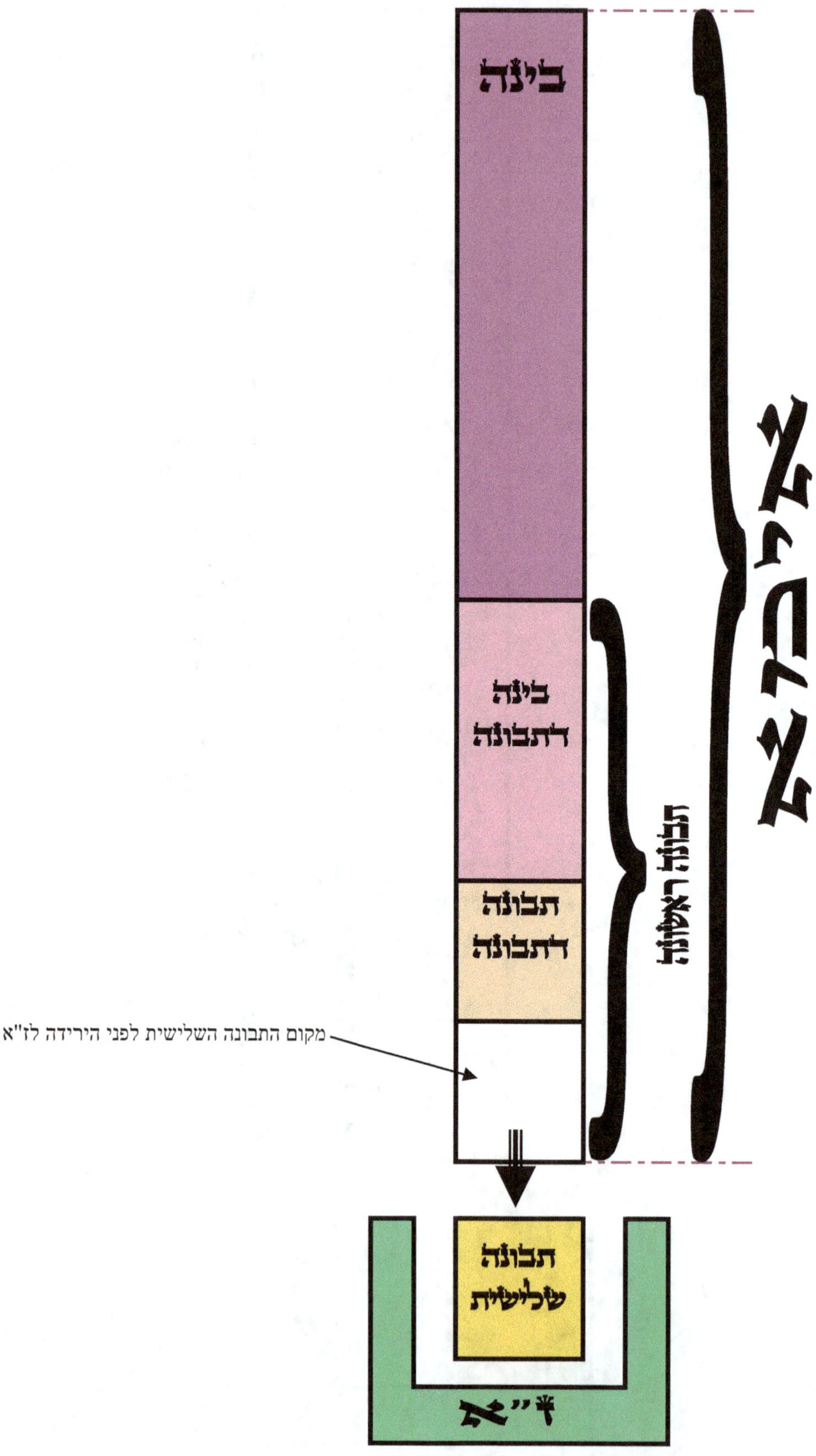
בינה
בינה דתבונה
תבונה דתבונה
אבא
תבונה ראשונה
מקום התבונה השלישית לפני הירידה לז"א
תבונה שלישית
ז"א

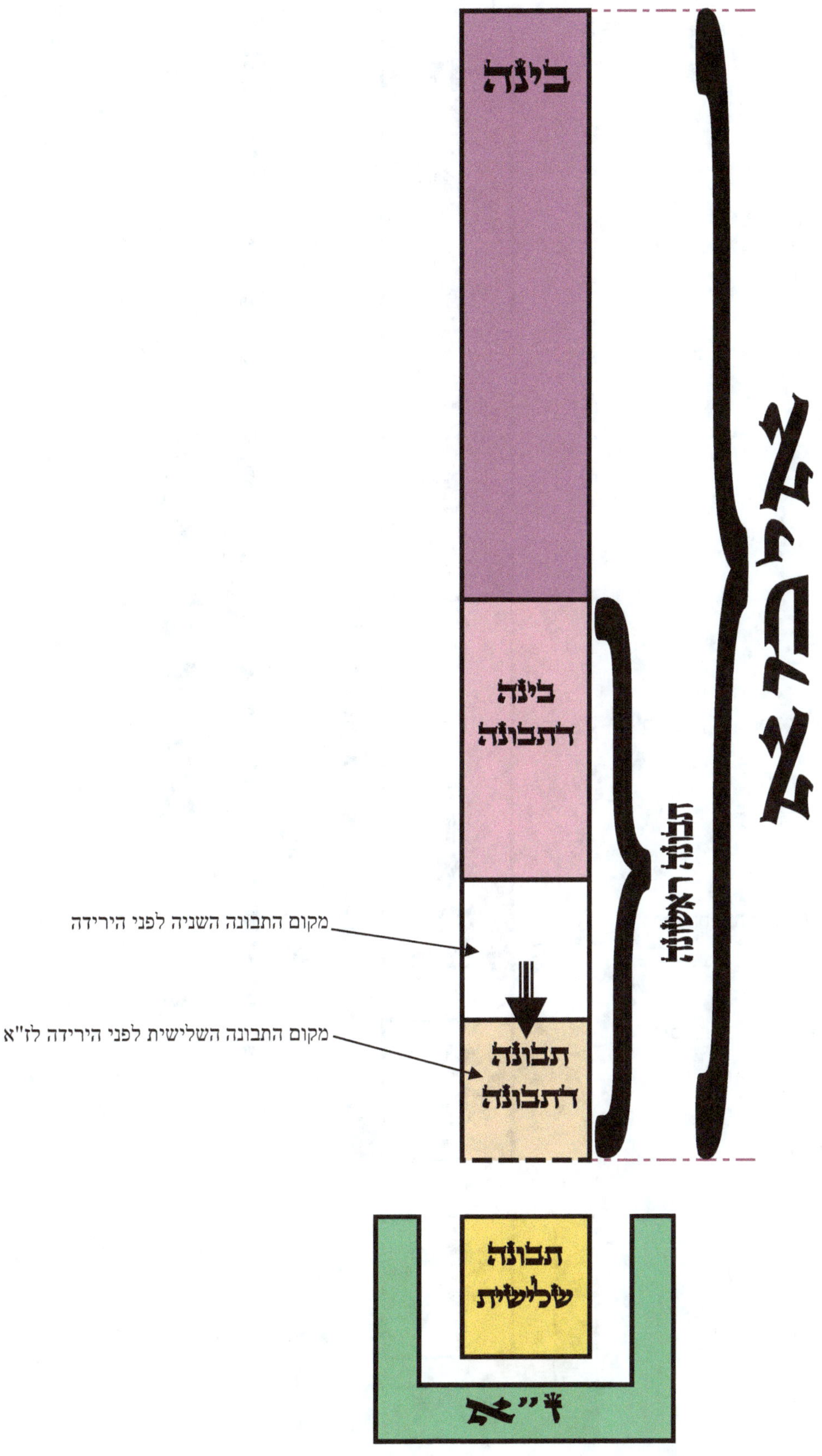
בינה
בינה דתבונה
מקום התבונה השניה לפני הירידה
מקום התבונה השלישית לפני הירידה לז"א
תבונה דתבונה
תבונה ראשונה
אבא
תבונה שלישית
ז"א

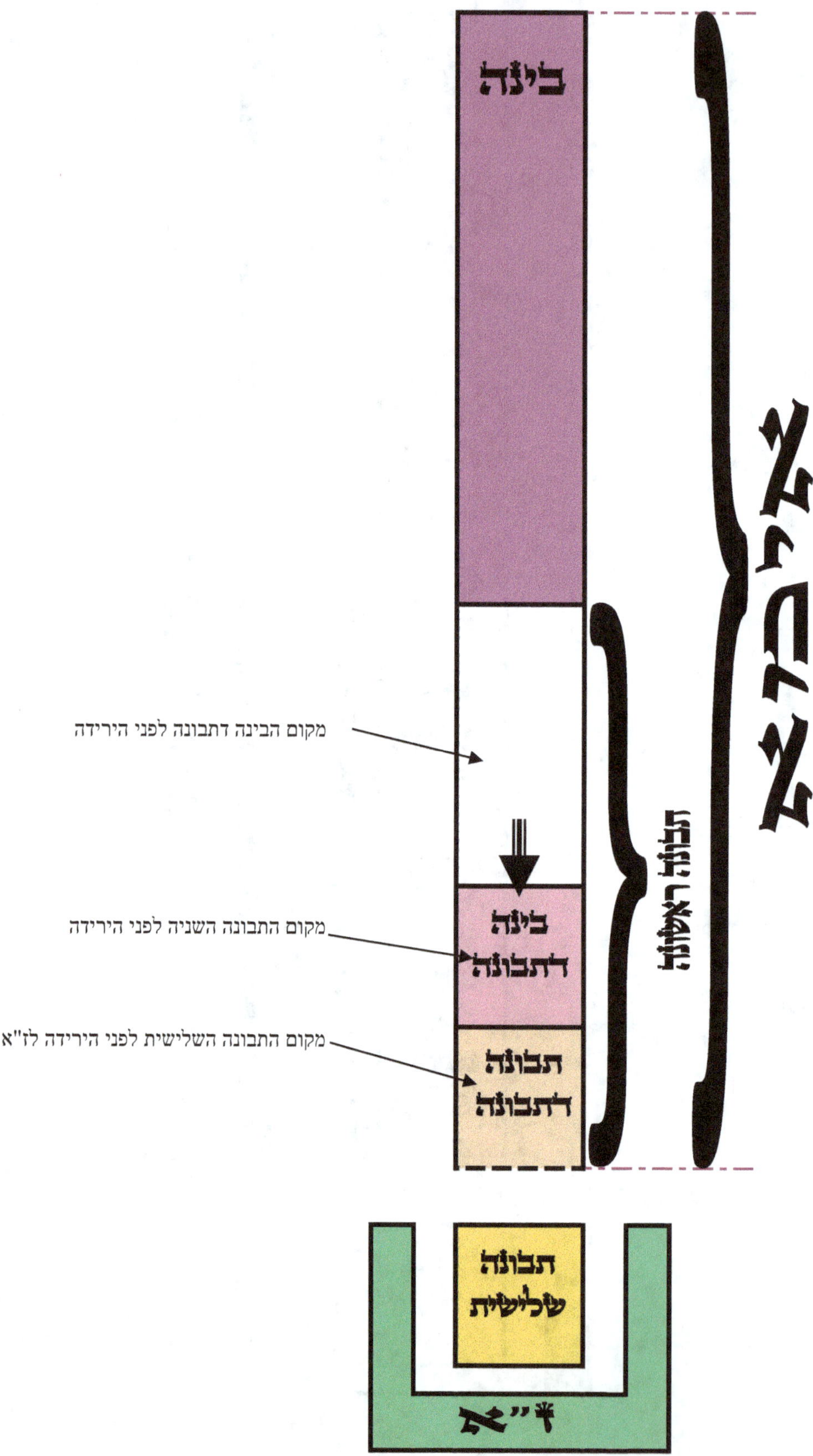

בינה
מקום הבינה דתבונה לפני הירידה
בינה דתבונה
מקום התבונה השניה לפני הירידה
תבונה דתבונה
מקום התבונה השלישית לפני הירידה לז"א
אבא
תבונה דאבא
תבונה שלישית
ז"א

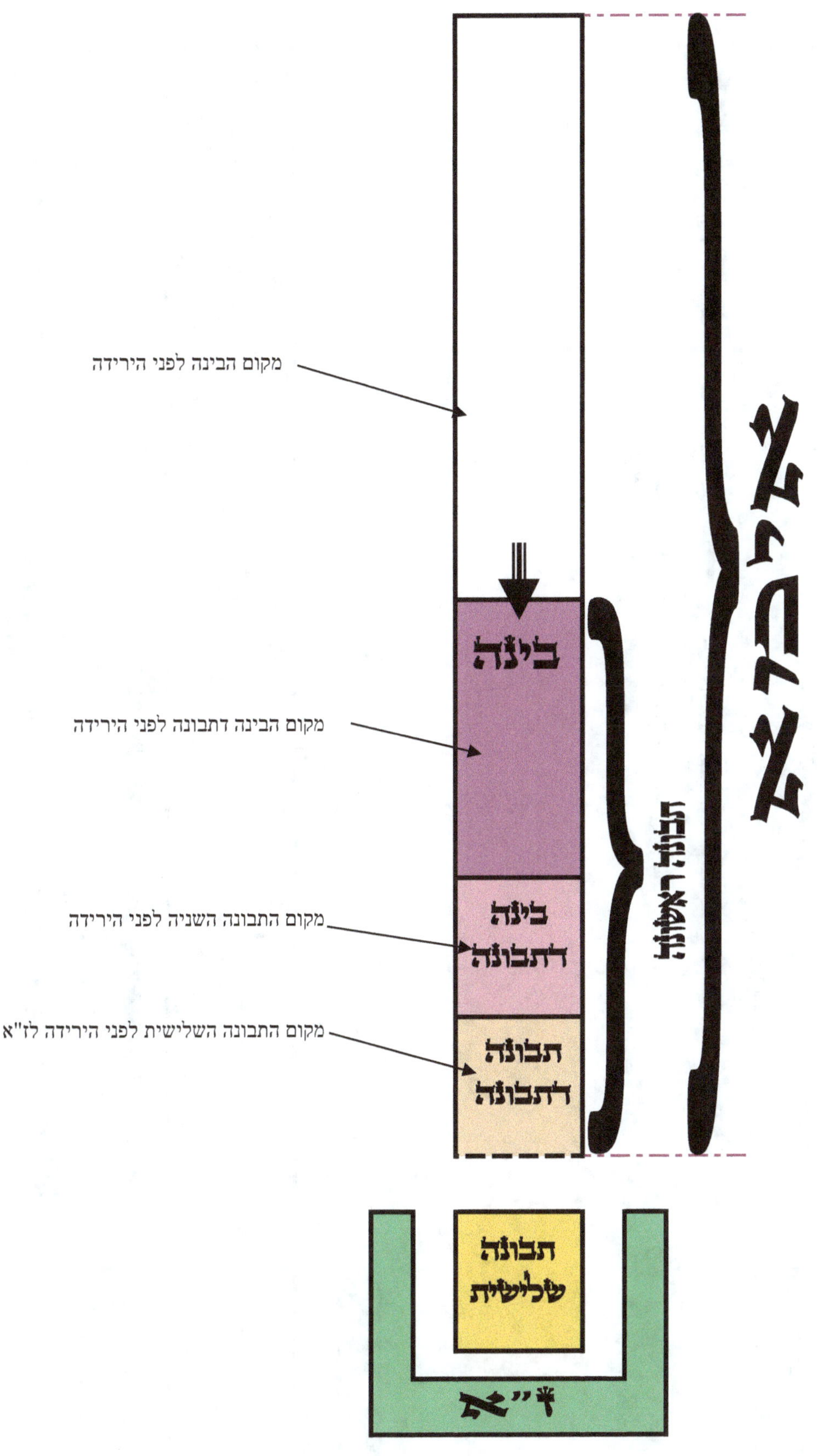
אבא
בינה
בינה דתבונה
תבונה דתבונה
תבונה ראשונה
תבונה שלישית
א"ק
מקום הבינה לפני הירידה
מקום הבינה דתבונה לפני הירידה
מקום התבונה השניה לפני הירידה
מקום התבונה השלישית לפני הירידה לז"א

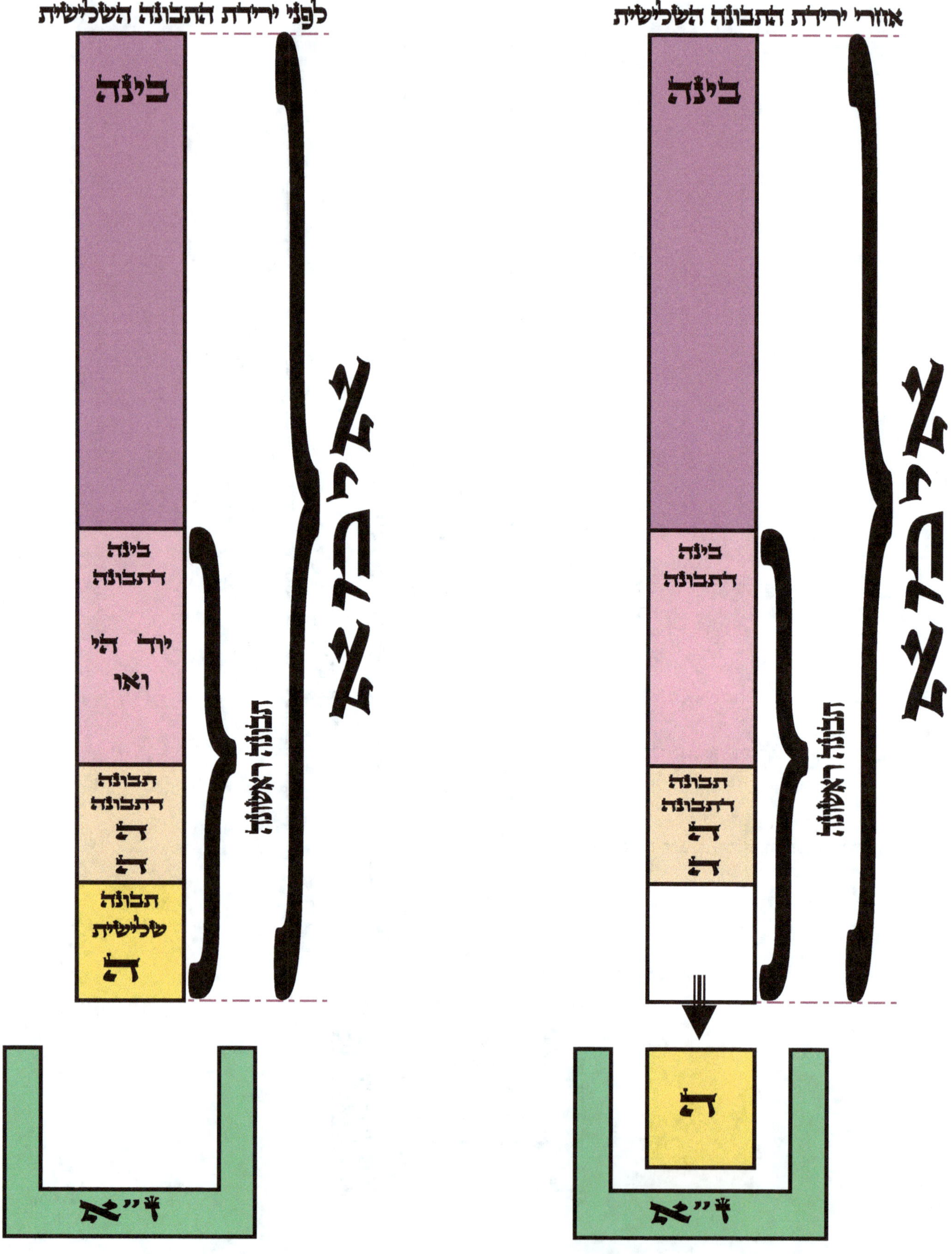
אזורי ירידת התבונה השלישית
לפני ירידת התבונה השלישית
בינה
בינה
בינה דתבונה
בינה דתבונה
יוד הי ואו
תבונה דתבונה
ה'
תבונה דתבונה
ה'
תבונה שלישית
ה'
אבא
אבא
ותבונה ראשונה
ותבונה ראשונה
ה'
א"י
א"י

תרשים ד - ז

לרד   דל"י   ואו   דל"י

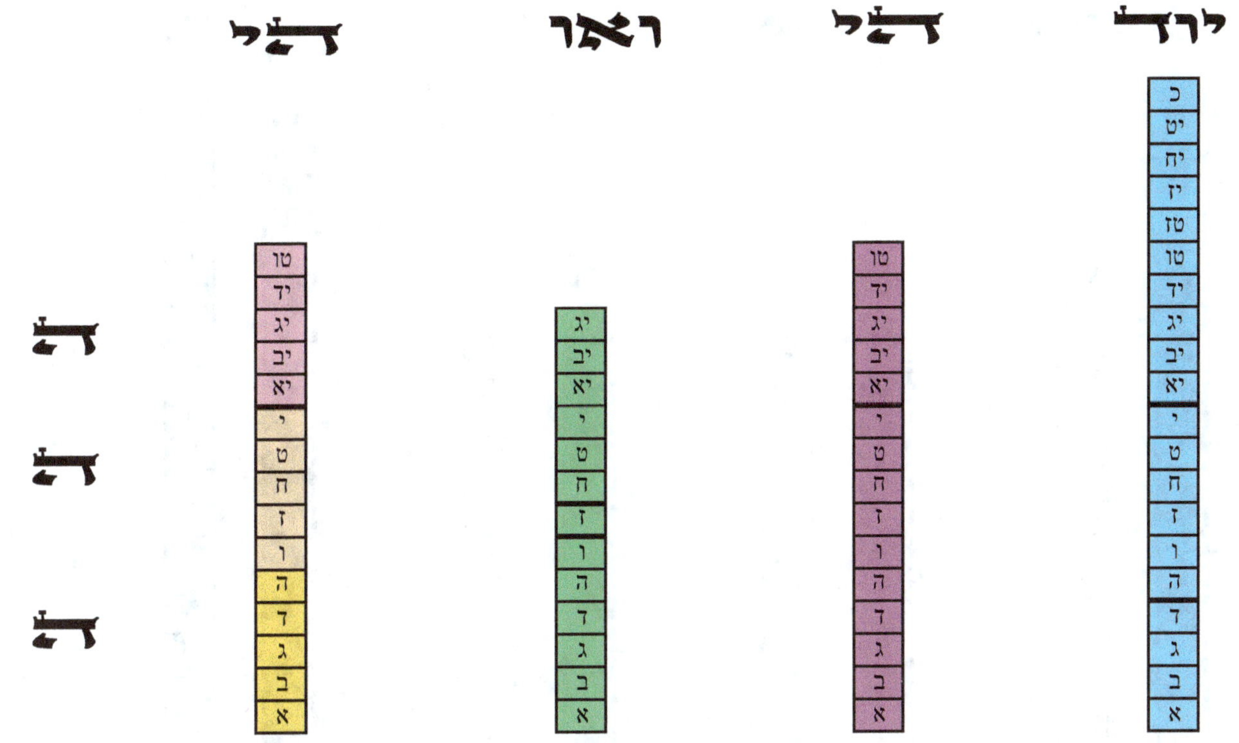

תרשים ד - ח

לרד   דל"י   ואו   דל"י

פ – פנימיות
חז – חיצוניות

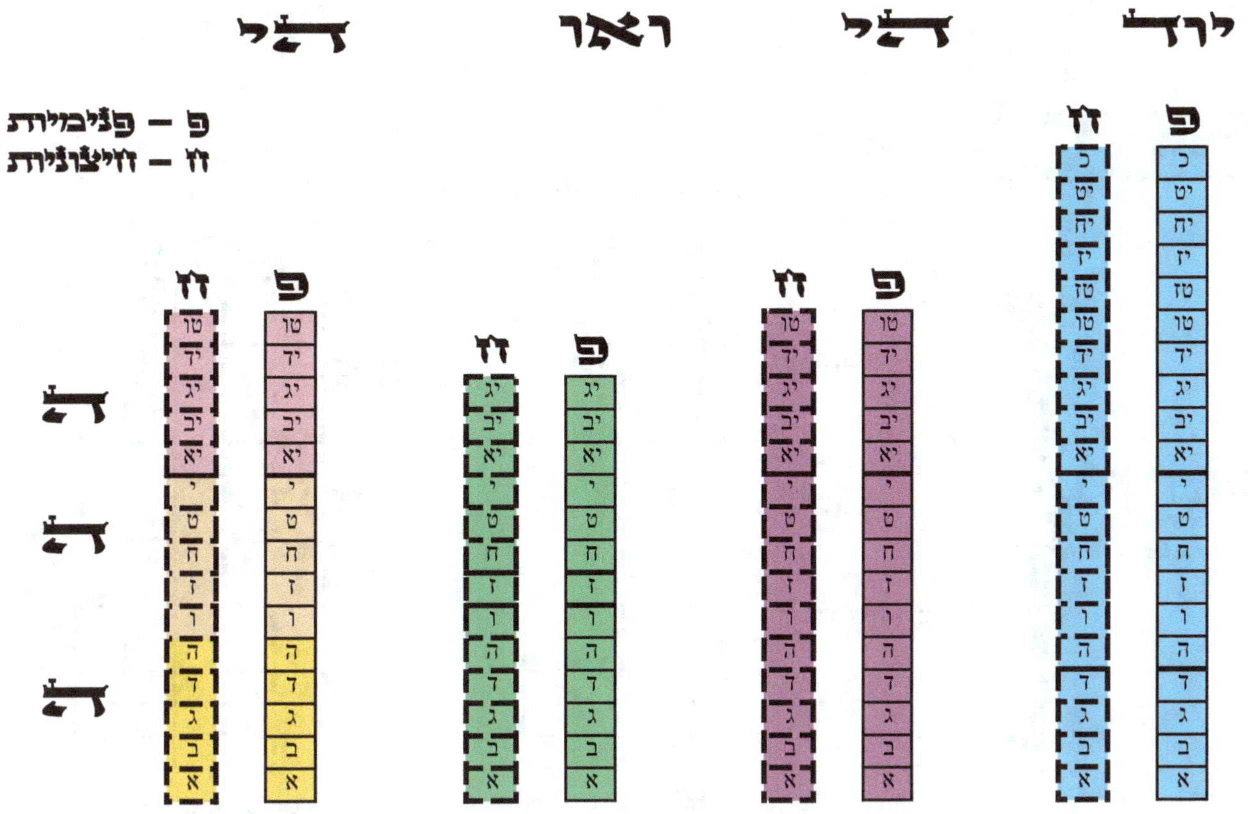

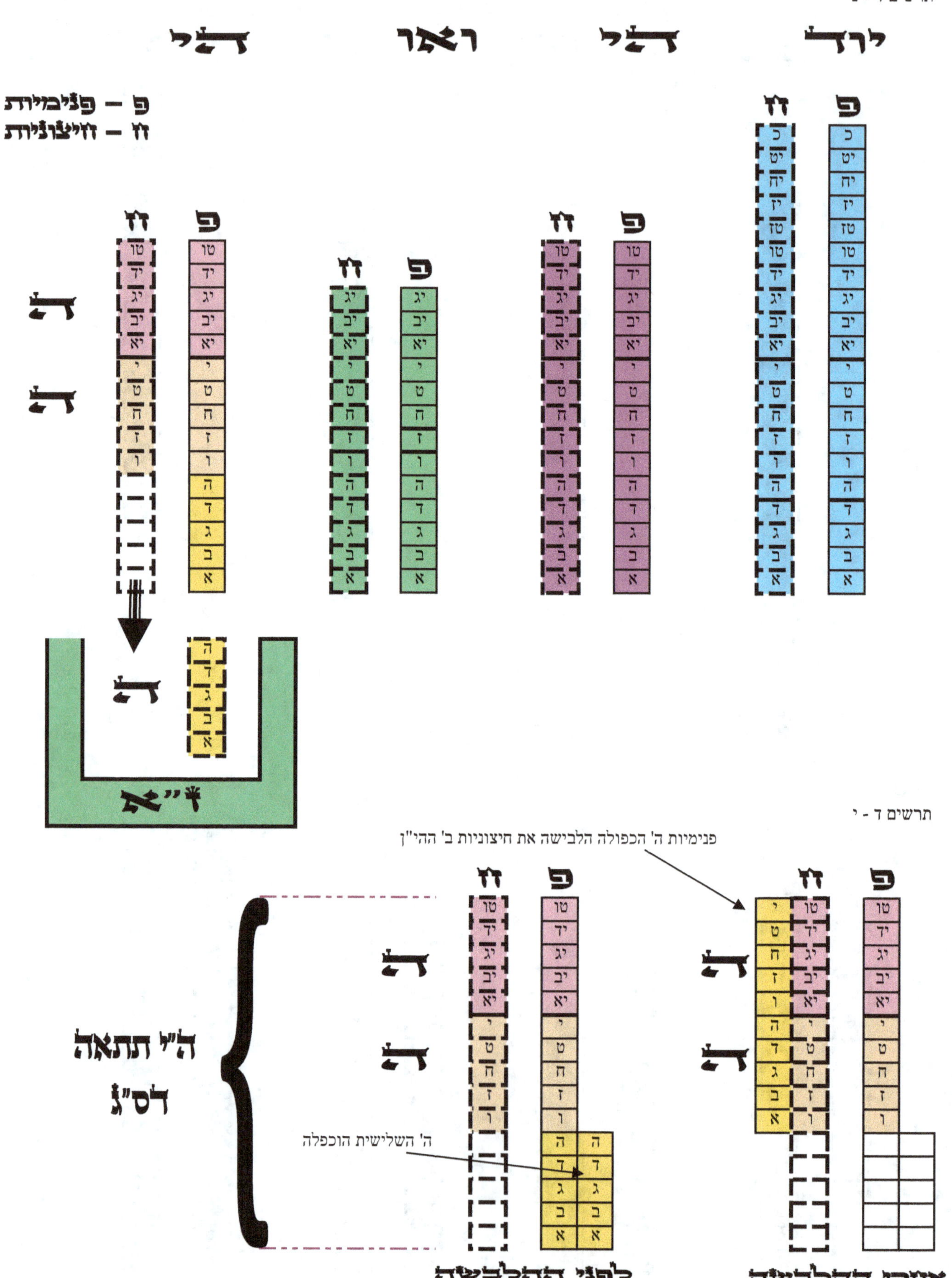
תרשים ד - ט
לו"ד
ד"י
וא"ו
ה"י
פ – פנימיות
ח – חיצוניות
ח
פ
ה
ד
א"י
תרשים ד - י
פנימיות ה' הכפולה הלבישה את חיצוניות ב' ההי"ן
ה' השלישית הוכפלה
ה"י תתאה
דס"ג
ה
ד
לפני ההלבשה
אחרי ההלבשה

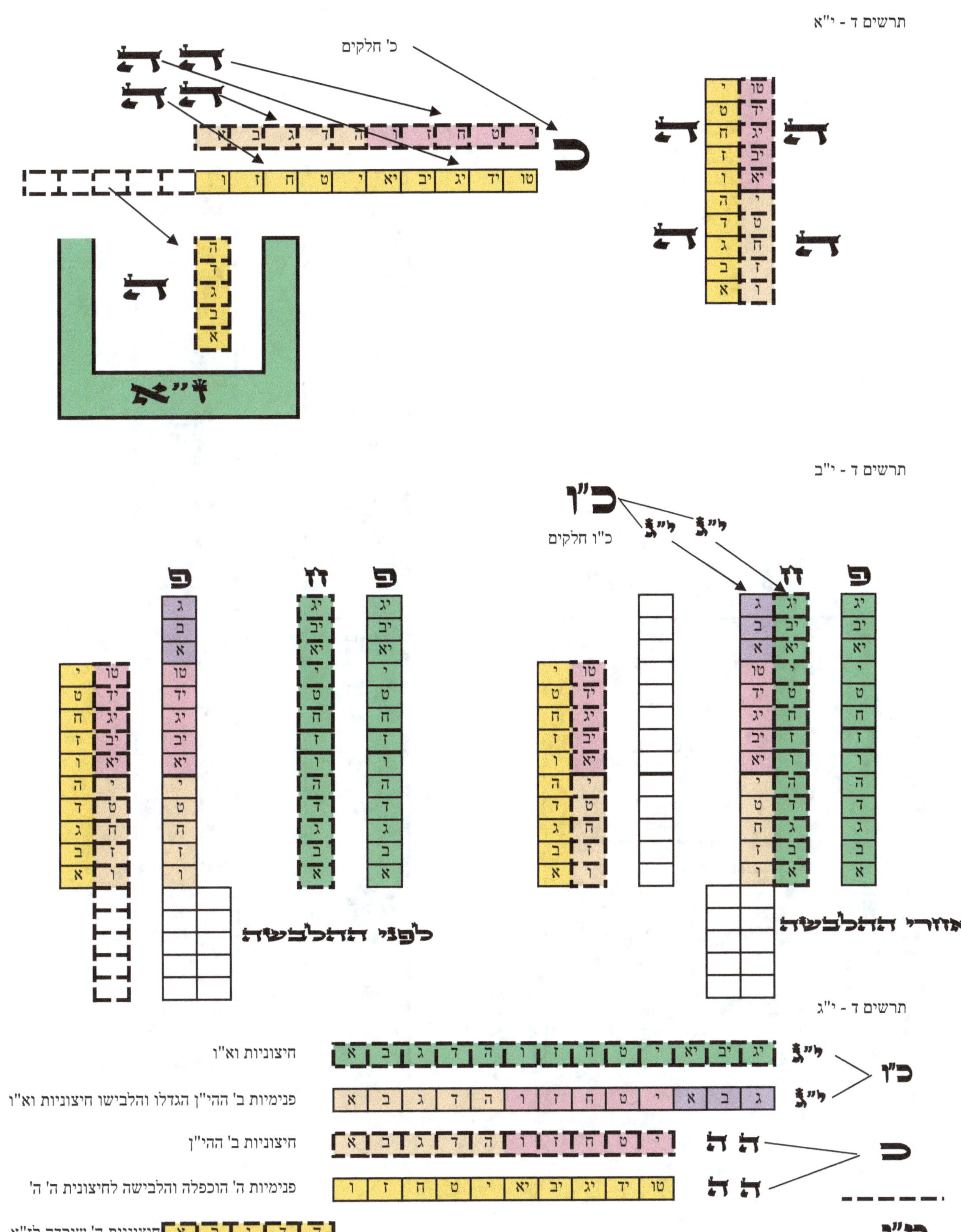
תרשים ד - י"א
כ' חלקים
י"א
תרשים ד - י"ב
כ"ו
ל"ג ל"ג
כ"ו חלקים
פ ז פ
פ ז פ
לפני התלבשה
אחרי התלבשה
תרשים ד - י"ג
חיצוניות וא"ו
ל"ג
כ"ז
פנימיות ב' ההי"ן הגדלו והלבישו חיצוניות וא"ו
ל"ג
חיצוניות ב' ההי"ן
ה ה
כ
פנימיות ה' הוכפלה והלבישה לחיצונית ה' ה'
ה ה
מ"ן
חיצוניות ה' שירדה לז"א

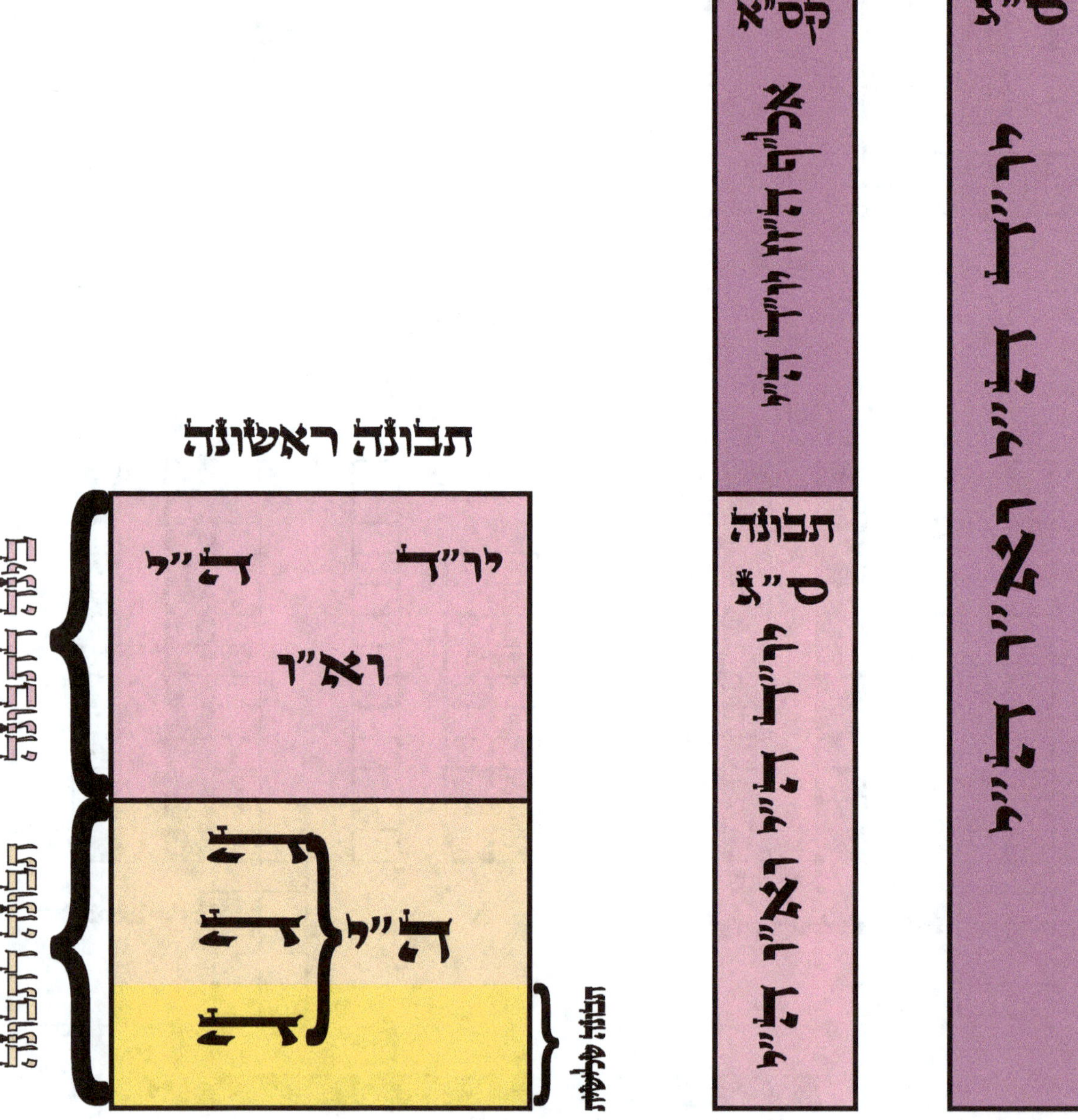

תבונה ראשונה
לו"ד ה"יי
וא"ו
ה"יי
בינה
קס"א
תבונה
ס"ג
אימא
ס"ג

תרשים ד - ט"ו

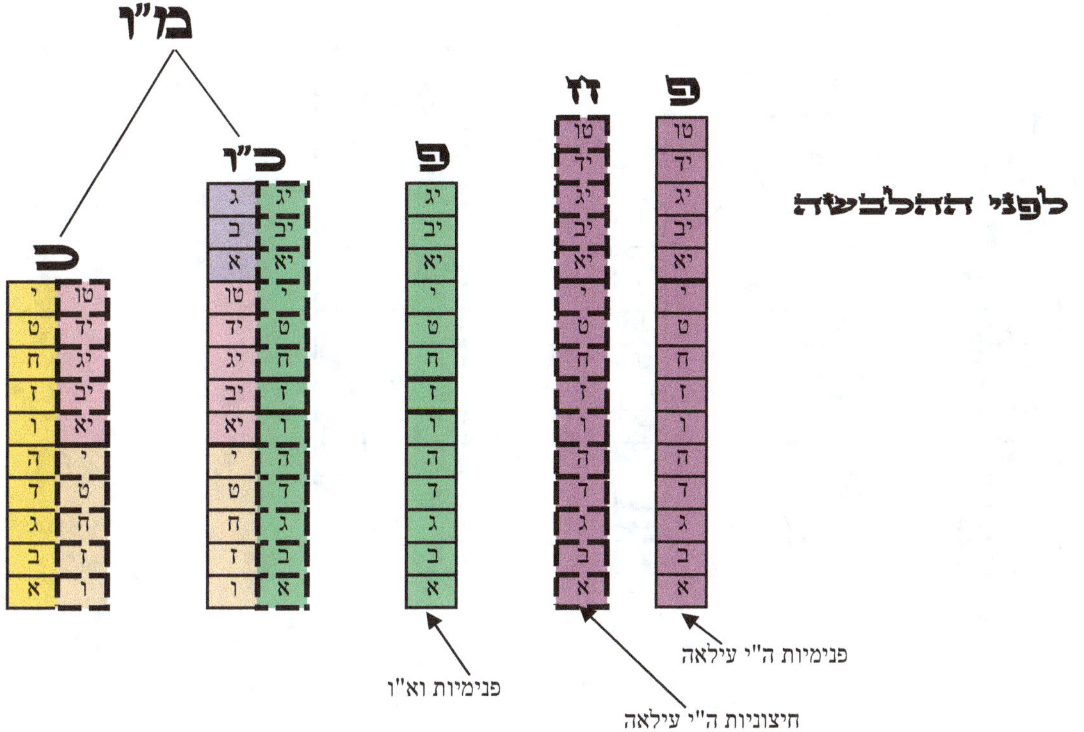

תרשים ד - ט"ז

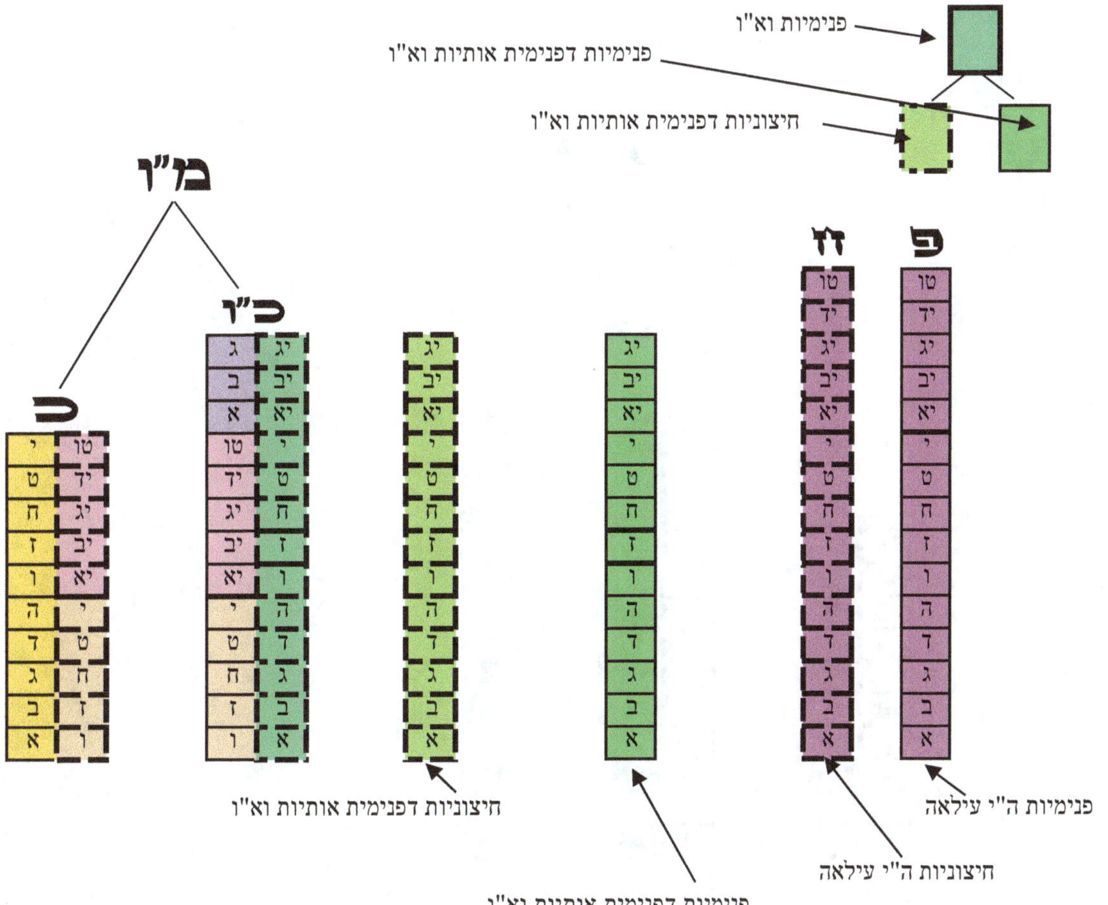

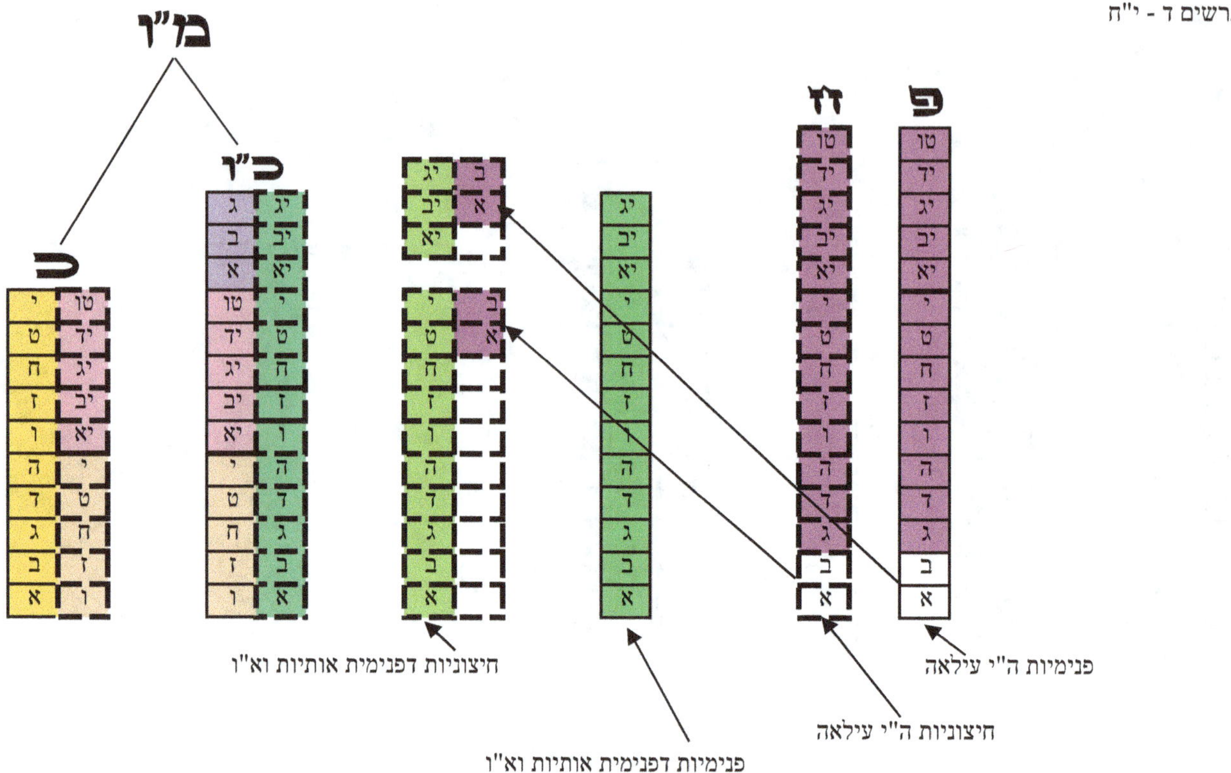
מ"ו
כ"ו
ס
פ
ז
חיצוניות דפנימית אותיות וא"ו
פנימיות דפנימית אותיות וא"ו
פנימיות ה"י עילאה
חיצוניות ה"י עילאה

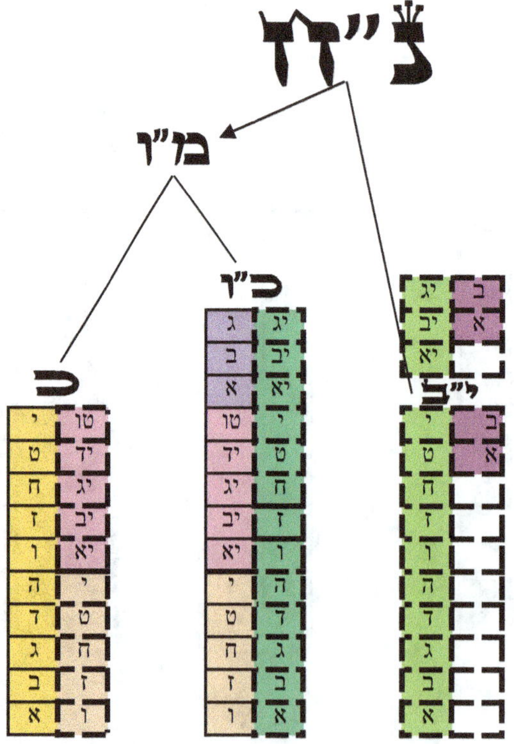
נ"זח
מ"ו
כ"ו
ס
י"ח

תרשים ד - כ

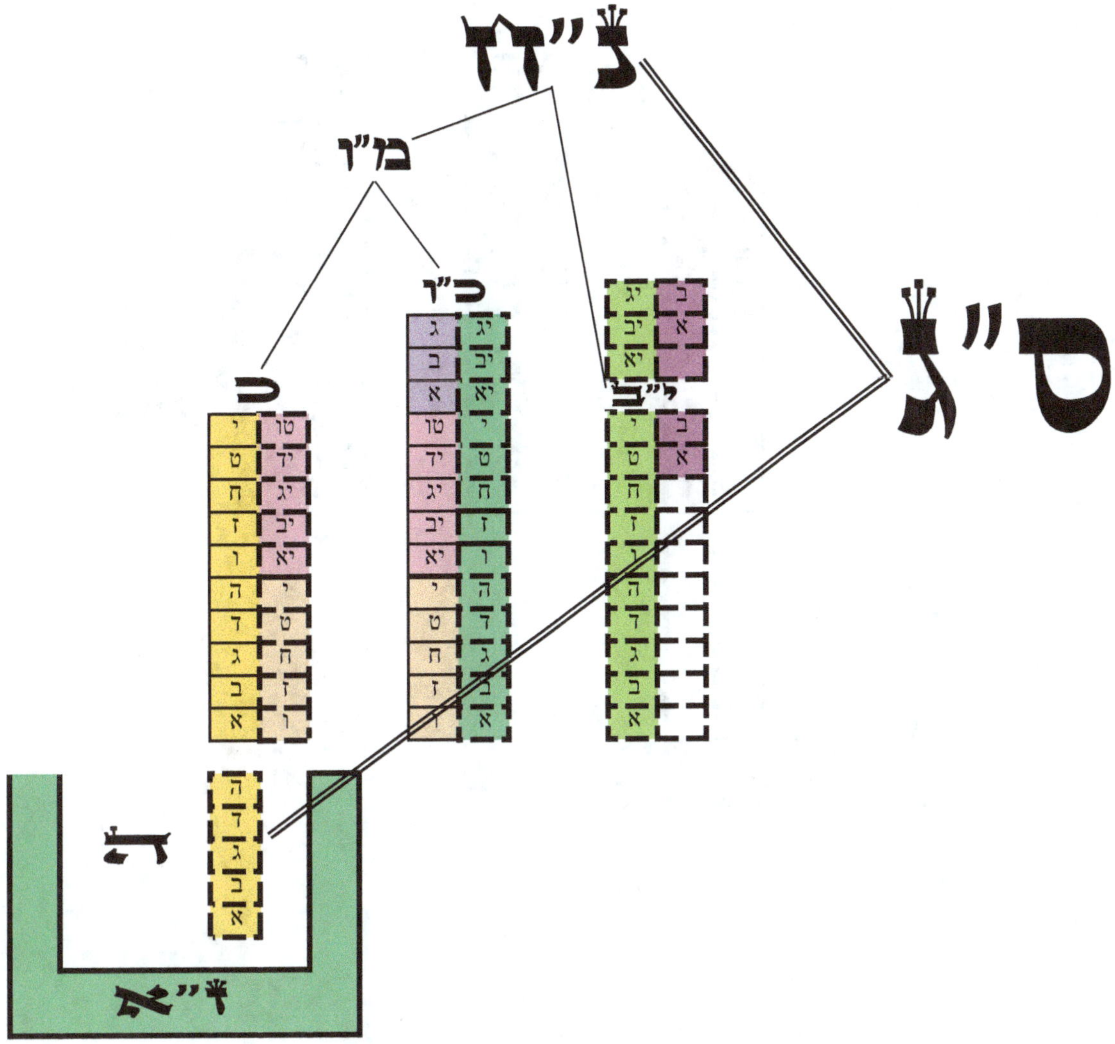

תרשים ד - כ"א

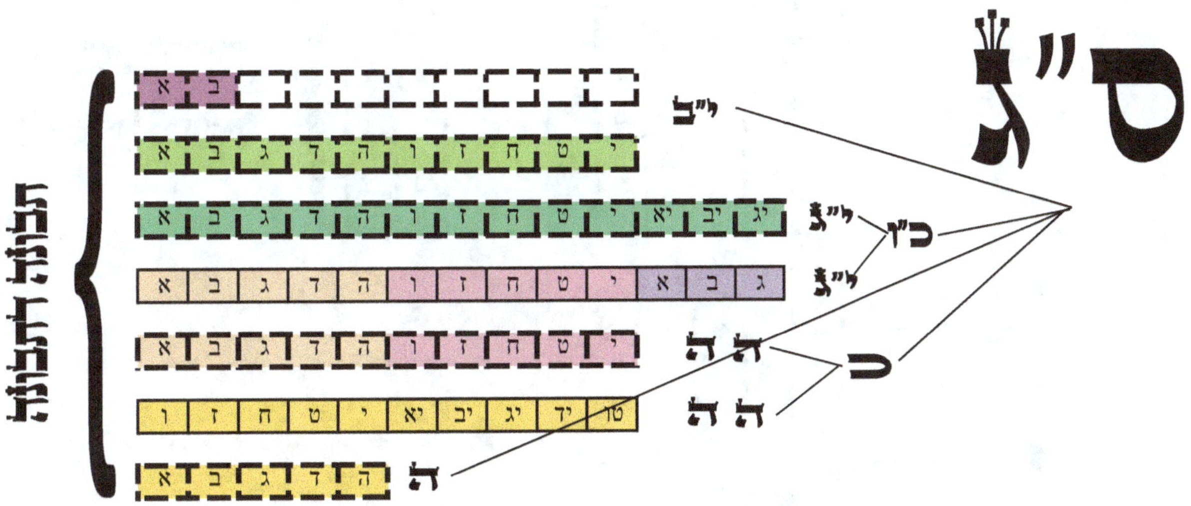

תרשים ד - כ"ב

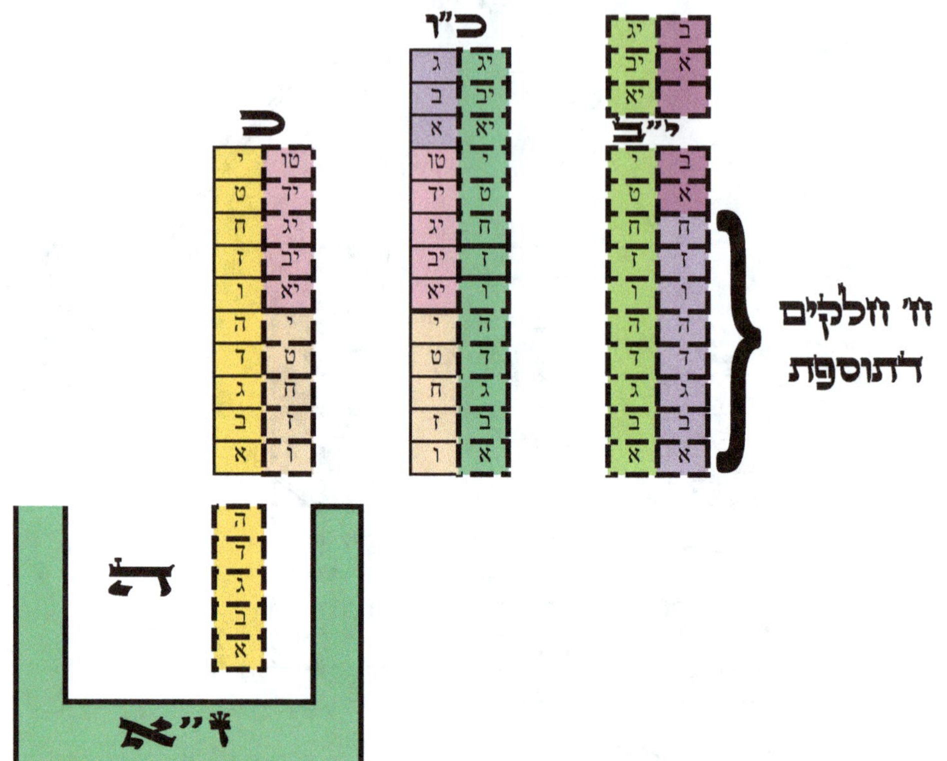

תרשים ד - כ"ג

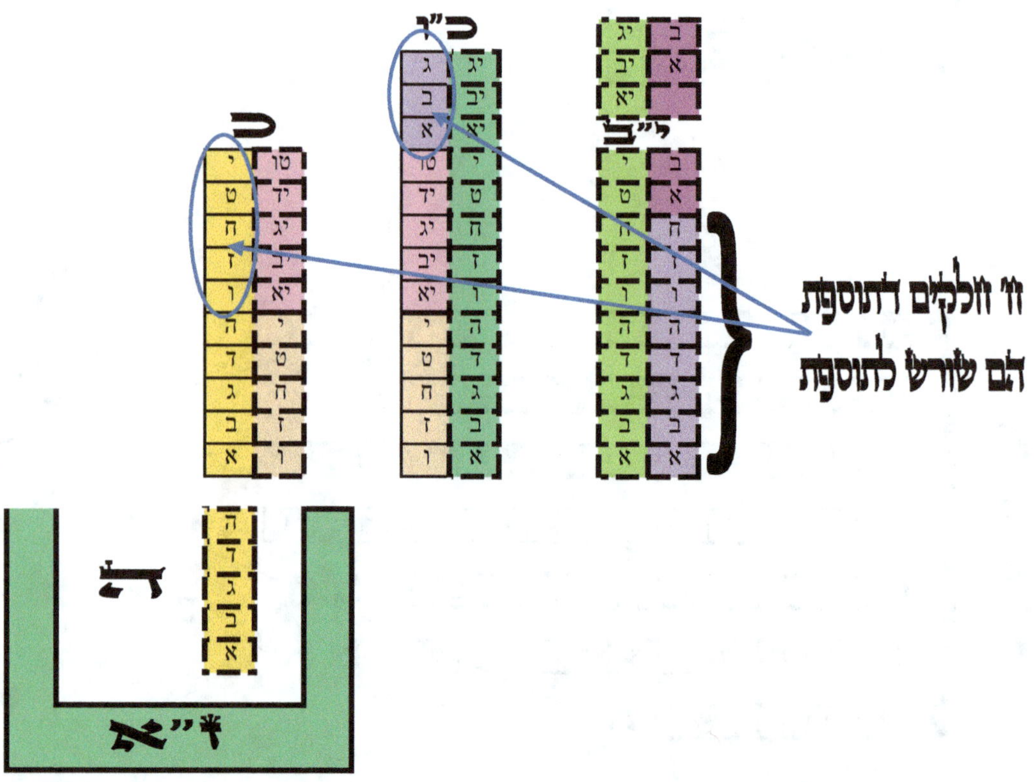

תרשים ד - כ"ד

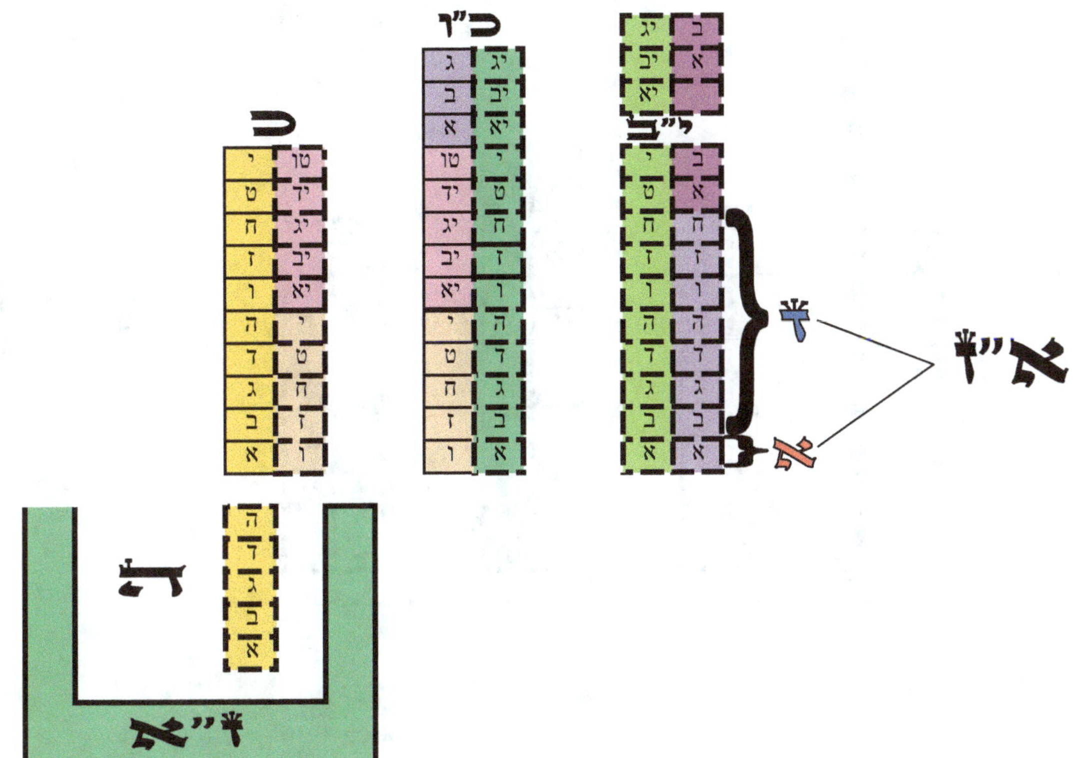

תרשים ד - כ"ה

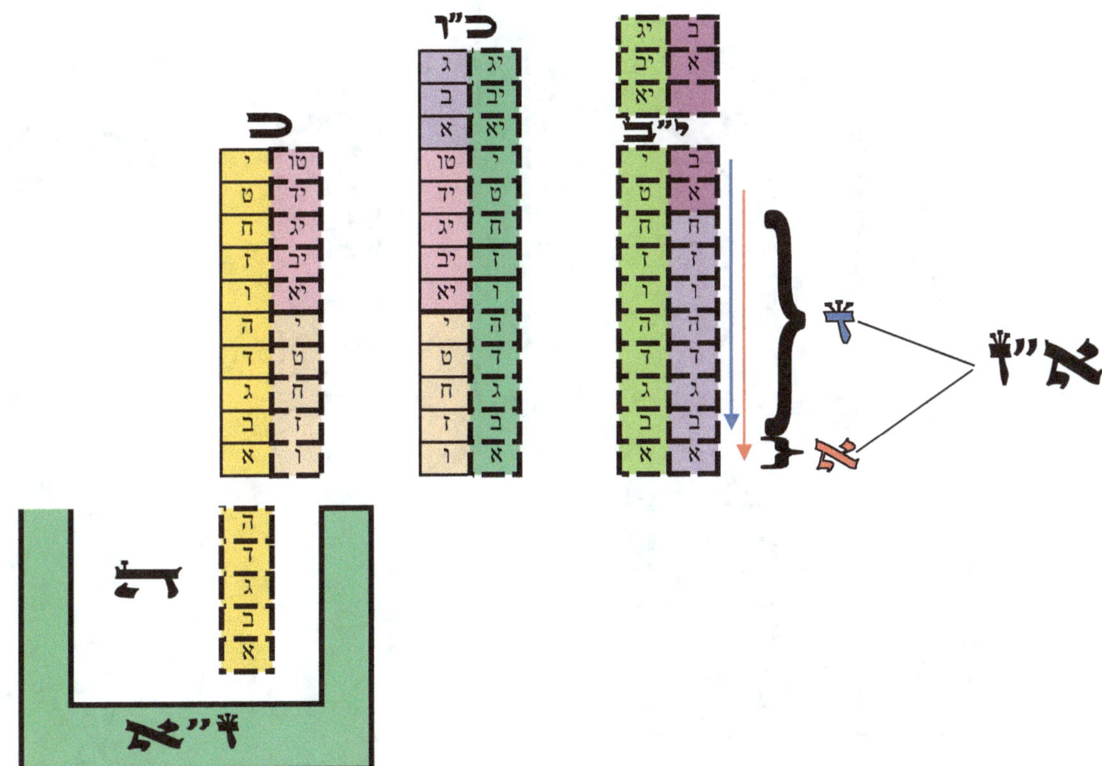

תרשים ד - כ"ו

כ"ו
ט
ל"ב
צ"ז
תבונה דתבונה
תרשים ד - כ"ז
מקיף לתבונה דתבונה
ד'
עילאה
כ"ו
ט
ל"ב
צ"ז
תבונה דתבונה
ד'
תתאה
א"ז

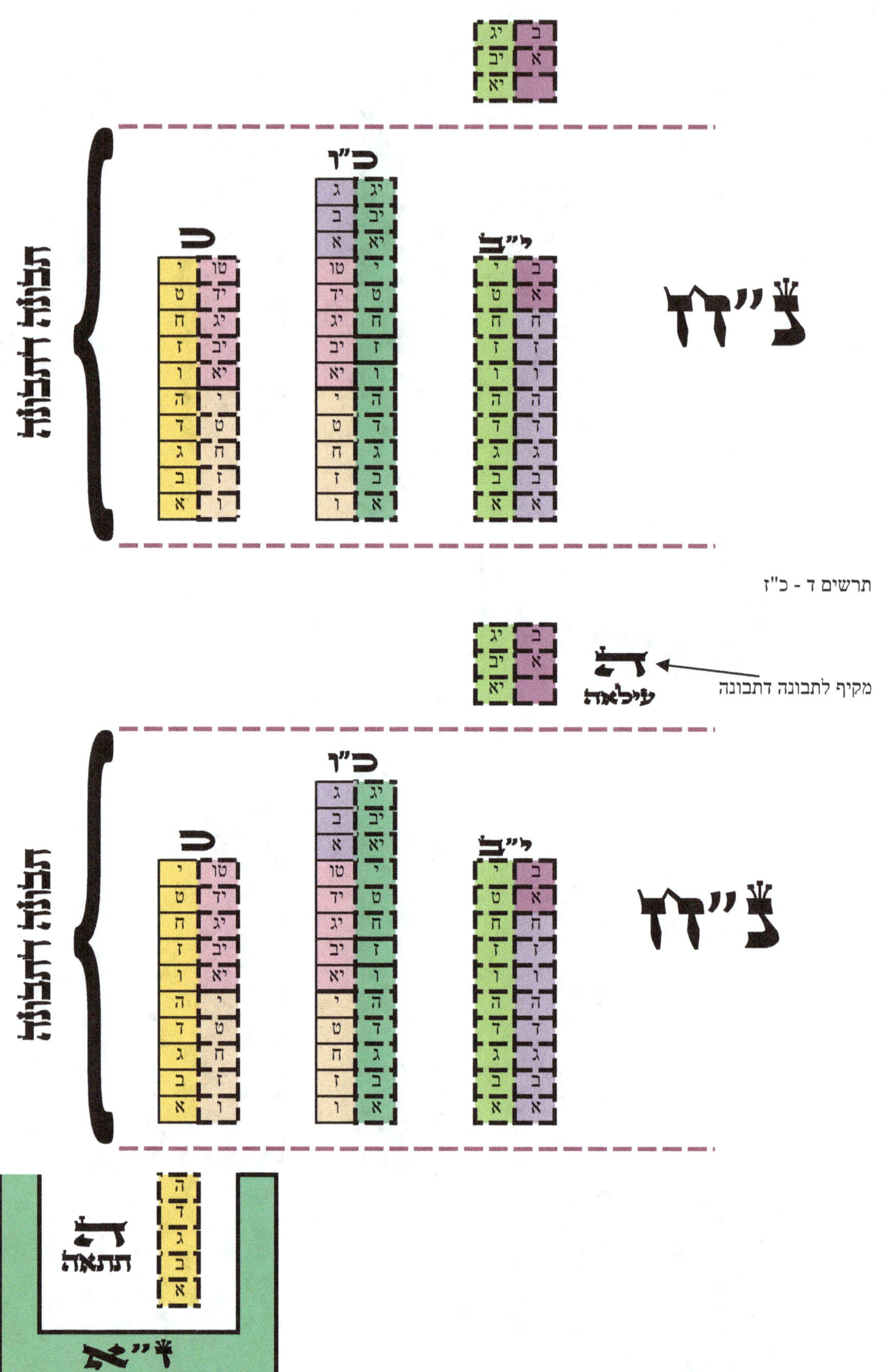

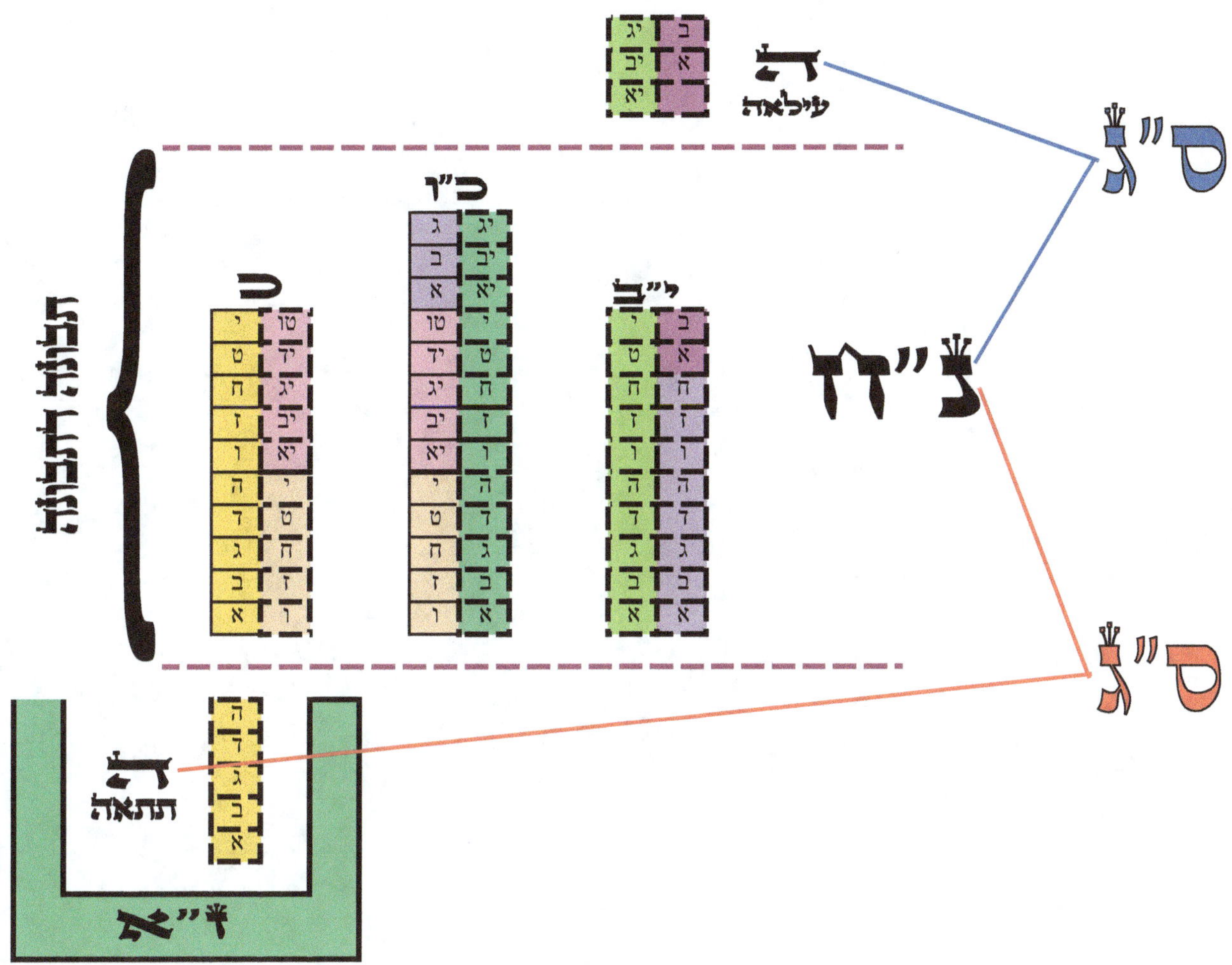
ס"ג
הה
עילאה
כ"ו
כ
י"ב
תכלתא דתכלתא
מ"ה
ס"ג
הה
תתאה
א"י